文化大家讲述亲历
——致敬改革开放四十年

黄　维◎编著

人民出版社

于蓝／单霁翔／才旦卓玛／姜昆／刘兰芳／莫言／牛犇／冯骥才／靳尚谊／李谷一／王晓棠／陈爱莲／李舸／李雪健／尚长荣／张良／翟俊杰／夏菊花／李光羲

序：
绽放时代风华　致敬文化大家

◎ 梁　衡

一个时代有一个时代的文艺，一个时代有一个时代的精神。

艺术从来都是时代和社会的一面镜子，也是沉淀在岁月长河中最生动的记忆。今年是改革开放40年。回首40年春风化雨，文化的"种子"遍地开花，众多歌曲、小说、电影、电视剧等文艺作品，带给我们别样的温暖、感动和震撼，让我们的人生变得丰满而有趣，也延续了继往开来的千年文脉和无比坚定的文化自信。

每一个时代都有独特的文化表情，每一个个体都有值得珍重的文化记忆。文学作品，从《平凡的世界》《白鹿原》到《红高粱》；音乐方面，从《乡恋》《祝酒歌》到《时间都去哪儿了》；影视领域，从《渴望》《编辑部的故事》到《战狼》……改革开放40年来，当代文艺事业繁荣发展，文艺精品不断涌现，同时诞生了一批德艺双馨的文化艺术大家。他们是改革开放中文艺发展的实践者、见证者，他们的思想探索和艺术创新、人生感悟，将是对改革开放40年文艺发展最具诗意的表达。

我们回望这40年间最触动人心的镜头，也许会想起——在朝霞满天、日落西山或月亮升起之时，故宫博物院的"看门人"单霁翔，脚踏着那双老布鞋，在红墙内一路巡查，用自己的脚步默默丈量着故宫的 9371 间房屋，静静守护着这份遗产，努力把壮美的紫禁城完整地交给下一个六百年。

也许会想起——今年 6 月，耄耋之年的电影表演艺术家牛犇，在鲜红的党旗之下，举起右手、握紧拳头，庄严宣誓。老人的眼眶一次次湿润："不管组织上对自己考验多长，我一点儿不气馁，只要我们的目标坚定不移，就一定能实现。"

也许还会想起——为中国民间文化奔走呼号的冯骥才，数十年时间走南闯北、田野调查，让这个时代的民间文化得以传承；电影表演艺术家李雪健凭借精湛的演技，将一个又一个经典角色立在观众的心里；歌唱家李谷一那满怀深情的歌声，让人在一首首优美动听的音乐中抒发"共祝愿祖国好"的心声……正是这些文化大家的努力，对民族传统文化的热爱和倾注，才有如今这文艺园地的百花竞放、累累硕果。

在十九大报告中，习近平总书记这样说："没有高度的文化自信，没有文化的繁荣兴盛，就没有中华民族的伟大复兴。"

中国人的文化自信，不仅源自中华民族悠久的历史，源自我们的文化积淀和精神信仰，更源自五千年来中华民族产生的一切优秀文艺作品，以及创作这些作品的德艺双馨的文化大家。这些文化大家是民族的财富、社会的财富，我们要好好保护他们、宣传他们。

怀揣着这份初心，人民网精心策划推出了大型融媒体栏目"致敬改革开放 40 年——文化大家讲述亲历"。在近 5 个月时间里，本书作者黄维与她的采访团队分赴北京、天津、山东、上海、湖北、四川、广东多地，精选 19 位当代中国最具代表性的文化艺术大家，走进其家中或工作室进行采访。这些老艺术家大多年事已高，平均年龄 76 岁，他们是改革开放的参与者、奋斗者、见证者，把历史的细节一一讲述给我们听。访谈辅以珍贵的影像资料，因其现场性、纪实性、史料性，更显得弥足珍贵。19 段动情的讲述，呈现了改革开放 40 年的"时代印记"，19 个生动的故事，承载着改革开放 40 年的文艺潮流。

本书作者黄维，生长于湘江之畔，曾求学于岳麓山下的千年学府湖南大学，深耕于人民网文艺这方土地，2018 年，是她在人民网"跑文艺"的第 13 个年头。她在短时间里集中采访到各艺术门类的大艺术家，并附有采访手记，阐述了自己与这些大家的交往点滴，字里行间流淌着一种真情实感。此书是一部传媒人与文化大家的深度对话，既展现了作者对中华优秀传统文化的解读，又彰显了传统文化的独特魅力。

习近平总书记曾在文艺工作座谈会上指出："繁荣文艺创作、推动文艺创新，必须有大批德艺双馨的文艺名家。"40 年，青山在，人未老，歌犹新。愿读完这本书，您能从众多文艺名家的修为中得到心灵的启迪。

致敬时代经典，致敬文化大家。是为序。

（作者为人民日报原副总编辑、著名学者、散文家）

目　录

于蓝：
红心塑造英雄　真情培育儿童

于蓝，电影表演艺术家。1921年出生，1938年赴延安，先后在抗日军政大学和女子大学学习，曾任延安鲁迅艺术文学院实验剧团、东北文工团、东北电影制片厂、中央戏剧实验话剧院演员。1981年，年届60岁出任新成立的中国儿童电影制片厂首任厂长。1949年开始登上银幕，代表作品:《翠岗红旗》《龙须沟》《林家铺子》《革命家庭》《烈火中永生》等电影。

　　六月中旬，夏意渐浓，但连日的降雨将炎热消减了几分，我们就在这样的天气中，来到了儿影厂的老宿舍楼，拜访老艺术家于蓝。

　　说起于蓝，首先浮现在大家脑海中的，定是诞生于半个世纪以前、根据小说《红岩》改编而成的电影《烈火中永生》，扮演"江姐"的于蓝凭借其在影片中细腻生动的表演被无数观众所喜爱；改革开放后，于蓝退居幕后，为中国儿童电影事业奔走呼号；而今，她在这栋宿舍楼的一间小屋子里安享晚年。

　　"斯是陋室，惟吾德馨"，老人的家并不宽敞，布置稍显简陋。窗台上摆放着于蓝所获得的荣誉奖杯，墙壁上悬挂着"红梅"二字则令人眼前一亮，还有一些已经泛黄发旧的老照片……它们都在默默诉说着，这位已经98岁高龄的老艺术家在中国电影史上的流光溢彩。

辉煌岁月　使人们铭记"江姐"

　　在众多老照片里，最为惹人注目的是挂在墙壁上的一张周恩来总理接见她的黑白照片。照片上，周总理握着于蓝的手，于蓝

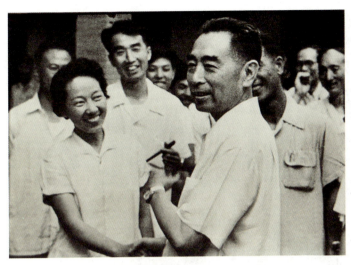

※ 于蓝家中挂着的照片：周恩来总理与于蓝握手

一头短发，穿着干净利索，笑容灿烂。之所以有这张照片，是因为当时于蓝在电影《革命家庭》中饰演的"周莲"得到了周总理的好评。

《革命家庭》给于蓝带来了许多荣誉，其中就包括莫斯科国际电影节的最佳女演员奖。在剧中，于蓝成功塑造了由普通家庭妇女成长为坚定革命者的女主人公周莲。周总理赞扬了于蓝在《革命家庭》里的表演，对记者们说："于蓝演了一个好妈妈。"

戏中，于蓝需要从 16 岁少女演起一直到成为老太太，由于当时受到化妆技术的限制，要化成老太太非常难。对于这段表演，于蓝个人并不算满意，"往脸上贴了好多的纸，那些纸又跟动作不协调，所以我认为老太太那一段并不是很成功。"

1965 年，于蓝迎来了电影生涯中的巅峰之作《烈火中永生》。如果可以用声音表达心中对江姐的怀念，一首《红梅赞》足矣，如果在头脑中寻找江姐的形象，大家想到的一定是于蓝。

在影片中于蓝凭借细腻的表演，塑造了有血有肉、重感情的

※ 于蓝家中客厅一角

"江姐"形象。"江姐对丈夫的爱，埋得很深。"说起江姐这一角色，于蓝总有说不完的话。她脑海里的江姐，有着一种特殊的冷静与克制，"得知丈夫牺牲了，她在年轻人面前没有哭，怕引起恐慌。而夜里，她裹在被子里压着嗓子哭。"

正是因为于蓝既演出了江姐作为革命烈士的大无畏精神，又演出了她作为一个平凡女子的隐忍和牺牲，才让江姐这一角色如此深入人心。"我自己认为主要是烈士本身的事迹感动了人、教育了人。"于蓝摆摆手，谦虚道，"这个角色使人信任、感到亲切，那么就算演成功了。并不是我这个演员有多么了不起。"

扎根人民　让表演深入人心

无论是《革命家庭》里的周莲，还是《烈火中永生》里的江姐，于蓝凭借其细腻而又精湛的表演让角色深入人心。于蓝在人民生活中汲取自己作为演员所需的养分，她诠释的众多角色也因此令观众感到亲切动人。

　　早在青少年时期，于蓝作为"鲁艺"的一员在抗战期间下乡为群众表演话剧时，便树立起了扎根生活的念头，"要深入生活，生活就是创作的源泉。"回想起那段时光，于蓝认为自己是在延安文艺座谈会哺育下成长起来的演员，"这是我真正的文艺思想的启蒙。"

　　这样的信念也贯穿了于蓝日后的电影生涯。在《龙须沟》中，她饰演的是一位有着多重性格的北京妇女"程娘子"。起初，于蓝还不确定自己能否将这个角色演好演活，"那个时候我怀着田壮壮，走了好多大杂院，走得腿都肿了。"

　　怀着身孕的于蓝还去了天桥一带观摩老百姓的生活，观察卖大饼的小媳妇们说话时的姿态，去了德胜门晓市上揣摩妇女数票子时的神态和用鸡毛掸子时的动作幅度，"但是我还是没有找到这个形象，心里头还是没有底气。"

　　直到有一天，于蓝碰见了宿舍门房苏宝三的妻子苏嫂，苏嫂在和于蓝对话时候的"阵势"让蓝将她与程娘子联系起来，"她那有气魄有胆量的劲头全出来了，透着对人真诚的关心。"于蓝决定观察这位苏嫂，并将所见所闻记录下来，"后来，我就和她们生活工作融在一块，一下子就找到这个角色。"

　　"在我自己的表演生涯中，每个角色诞生的过程，都给我带来了许多难忘而幸福的经历。"为了演好演活自己的角色，于蓝很感激自己在体验生活的过程中遇到的形形色色的人民群众，"他们是我的好友，也是我的老师，给了我创造的依据和创造的活力。"

　　"文艺创作方法有一百条、一千条，但最根本、最关键、最牢靠的办法是扎根人民、扎根生活。"于蓝用她的艺术生涯，为习近平总书记的这段话做了完美的诠释。

花甲之年 对儿影厂倾注心血

改革开放后，中央工作会议号召全党全社会都要关心青少年的成长。已经 60 岁的于蓝受命组建北京儿童电影制片厂并成为首任厂长。

谈起自己当厂长的经历，于蓝说，"我之前没做过领导工作，我那时就想把大家都团结起来，把大家的工作都安排好。"于蓝认为，作为一个儿童电影制片厂的厂长，必须完全献身于儿童电影事业。尽管人生已经迈入花甲之年，但她却让中国儿童电影升起一轮朝阳。

于蓝回忆，儿影厂成立之初条件非常艰苦。刚成立时，厂房设在北影厂传达室边一排杨树后临时建造的一排极其简陋的平房，一些拍摄设备和办公用具都是于蓝向厂家打欠条赊账借来的。

1983 年的冬天，于蓝在平房办公时，"办公室门后的弹簧断了，那门瞬间弹了回来，夹到了右手的手指。"我们听着揪心，她却轻描淡写地继续说着，"到了医院，医生说接上断指康复得 20 多天。我嫌太长影响工作，就让他直接缝上伤口算了。"将伤口缝合后，于蓝便又投入到紧张的工作中。

再艰苦的条件也阻挡不了于蓝带领儿影厂前进的步伐，在于蓝任厂长期间，儿影厂给全国人民交出了漂亮的答卷——《四个小伙伴》获 1982 年第 12 届季福尼国际儿童和青年电影节最佳荣誉奖、共和国总统银质奖章；《应声阿哥》获文化部 1982 年优秀影片奖儿童故事片奖；《少年彭德怀》获 1986 年第 6 届"金鸡奖"最佳儿童片奖……

于蓝及其带领的儿影厂如同路灯一般照亮了儿童电影前进的道路，经过了彻夜的努力，才无愧地领受一缕晨光的抚慰。

虽然获得了令人欣喜的成绩，但于蓝并不满意。改革开放以来，我国的电影事业获得了长远的发展和进步，但相较于其他类型电影的百花齐放，儿童片的发展就相形见绌了。

"那时候一到'六一'儿童节，我这心里就愧得慌，拿不出好片子给孩子们贺节。"直到今天，我们和她谈起当时儿影厂所获得的成绩时，于蓝仍有些自责。她给我们简单算了一下，当时中国一年拍摄八十多部故事片，其中只有三部是儿童片，"我是儿童电影的头头，却不能给孩子们送去丰富多彩的儿童片。我愧对三亿儿童。"

从未停歇　为儿童电影奔走呼号

除了全心全力地为少年儿童呈现佳作之外，于蓝在呼吁国家和社会关心儿童电影发展、为儿童电影制造良好的成长环境等方面，也从未停止过她忙碌的脚步。

在儿影厂成立五周年之际，于蓝联合中国影协发起成立了中国儿童少年电影协会，设立了中国电影童牛奖，以奖励优秀儿童少年影片、表彰取得优秀成绩的儿童少年电影工作者，"儿童电影有了向心力，不再是散兵游勇。"于蓝在担任全国政协委员期间，提交了关于发展中国儿童电影事业和前景展望的提案。1994年，于蓝还曾撰文呼吁"救救儿童电影"。

如今，谈起儿童电影的发展，于蓝仍有些无奈，"我希望国家的相关部门，认认真真地、有实效地去解决与推动儿童电影的发展。"

"儿童是祖国的未来和希望，我们只有拍出更多更好符合儿童特点的影片，才能满足儿童求知欲望，才能激发儿童丰富的想象力。"已经98岁高龄的于蓝，仍时不时地奔走在宣传儿童电影的第一线，就在今年4月，她还出席了北京国际儿童电影周。这位德艺双馨的老艺术家，最喜欢做的还是给儿童"抬抬轿子"。

虽然儿童电影事业发展的道路并不平坦，但于蓝仍充满着期待："不管怎么说，还是会有人为儿童片努力，尽管有这么多的困难，我相信终归会出现好影片，能够得到孩子们的喜欢。"

"你们别叫我艺术家。"当我们用"表演艺术家"来称呼她时，她摆摆手，语重心长道，"我就是一个文艺工作者，干了一辈子的文艺工作。"

无论是银幕上的"周莲""江姐"，还是转到幕后为儿童电影尽心竭力的儿影厂厂长，作为"文艺工作者"的于蓝将她的一生都奉献给了中国电影事业。光阴荏苒，岁月如歌，于蓝的老朋友秦怡在她90岁的时候写下了这样的祝寿词，恰如其分地概括了于蓝的一生：

"红心塑造英雄，真情培育儿童。"

※ 人民网采访于蓝视频

98岁于蓝：革命的人　年轻的心

　　于蓝老师或许是我们此次知名老艺术家系列采访中最年长的一位，却也是我们联系过程最为顺利的一位。拨通电话前，我们内心很忐忑，一怕打扰老人静休，二来担心采访被拒。

　　没想到的是，电话那头的于蓝老师很爽快地答应了我们的采访，只是淡淡地说了句"岁数大了，很多事都不记得了"，声音洪亮率直，于是，我们约好一周后去她家中拜访。

　　还是位于北京西土城路上儿影厂的那栋宿舍老楼，还是那间朴素雅致的小客厅。房间十分狭小，小到只够放两个单人沙发，小到连我们的摄像机三脚架都无处摆放。进门的墙上依旧挂着主人最钟爱的三幅书画作品：一幅书法名家冯松写的两个刚劲有力的大字——"红梅"；一幅友人特意为于蓝老师九十寿诞创作的水墨画荷花；还有一幅是于蓝学画的孙子专门给奶奶画的一张油画，色彩明快艳丽，让整个屋子多了生气与活力。

　　于蓝老师在客厅里等候着我们，白底黑点的短袖衫，黑色细条纹西裤，简朴的衣着，让老人看起来神清气爽。见我们来了，于蓝老师脸上露出温和的微笑，高兴地拉着我的手聊起天来："我今年已经98岁啦，前不久眼睛刚做过手术，所以老要滴眼药水……腿脚、耳朵也不太好了，一会我要是听不清，你就凑到我跟前说吧。"我特意把5年前的专访报道带给于蓝老师看，老人很开心，拿起放大镜边看边问，"这个能送给我做个纪念吗？"

从《龙须沟》中的"程娘子"到《革命家庭》里的"周莲"、《烈火中永生》的"江姐"……于蓝17岁到延安，演话剧，演电影，一路走来扮演了很多优秀的中国妇女形象。现在回想起来，最喜欢的角色是哪个？

原以为老人定会提及那个家喻户晓的经典形象"江姐"，没想到，于蓝老师脱口而出的却是——"周莲"。看到我们有些不解，她回头指了指身后挂着的那张黑白老照片——照片中的周总理正当着众人的面，高兴地握着于蓝的手说着什么，于蓝颔首微笑，认真倾听。

老人深情回忆了一段往事——那是1961年，在香山举行了一次有关电影方面的会议，这一天，周总理也来到了现场，于蓝站在众多名演员中间，一点都不起眼，可周总理还是一眼就看到了《革命家庭》里的妈妈，上前亲切握着于蓝的手，当着众人说道："你演了个好妈妈！"

或许是年纪太大的缘故，采访时，一些事情于蓝已记不清细节，唯独这段往事仍历历在目。

不过，喜爱她的影迷们不会忘记——《烈火中永生》中坚贞不屈的江姐，《革命母亲》里坚强的红色母亲"周莲"，还有《龙须沟》里既习蛮又贤惠的"程娘子"……从艺80年，从舞台到银幕，从青春到白头，于蓝饰演的一个个艺术形象至今让人难以忘怀。

"其实，我演的电影全加起来也就十来部，"回忆起往事，于蓝仍沉浸在当年角色创作的激情之中，眼神里不时闪过兴奋的光。虽然作品并不多，但几乎每部都是经典。

于蓝的一生和电影紧密相连，年轻时出演电影，60岁受命组建儿童电影制片厂并成为首任厂长。直到80岁，她才从儿童电影制片厂正式退休，任厂长期间共拍摄了19部彩色故事片。退休后，仍热切关注着儿童电影的发展。

如今，因腿脚不便，于蓝公开露面的机会比过去少多了，但只要是纪念周总理和邓颖超同志的活动，只要是"关心下一代"儿童电影的事情，便一定要去。

"周总理的纪念活动我一定要参加，表达我作为一个演员对他老人家的敬仰之情，孩子们的事情是我义不容辞的责任，这两个事情我都不能推辞。"

※ 于蓝与记者黄维在元大都公园合影

对于于蓝的家人，可能许多人都不太了解。其实，她的丈夫田方也是电影明星，1949 年参加组建北京电影制片厂并任厂长。

对于他们之间的幸福时刻，于蓝记忆犹新：1954 年，她到中央戏剧学院参加表演干部培训班，田方大力支持，并送给她一个厚厚的笔记本，上书"做一个好学生"；1960 年，他们俩共同出演影片《革命家庭》，这是他们唯一的一次银幕合作；1964 年，田方饰演电影《英雄儿女》里的王文清，他们一起揣摩如何用富有表现力的细节来展现人物的内心世界……

两人的小儿子田壮壮，是新中国第五代电影导演代表人物之一。谈及儿子的电影，于蓝认为"他们那代人拍东西都很有新意，不让人觉得是在重复"。

窗外日影渐渐西斜。我们在于蓝老师家中已逗留了将近一个下午的时光。近两小时的采访中，于蓝老师一直端坐在沙发上，声音健朗，脸上总带着笑容，眉目间充满了慈爱。若不是满头银丝，光听老人谈她的生活和热爱的电影事业，完全看不出已经是一个98岁、身上多处动过手术的高龄老人。

采访完，保姆想赶在日落前，推着于蓝去家附近的元大都公园遛弯晒太阳，于蓝老师却执意要让我们看看她最珍贵的一本影集。可是，影集放哪儿，一时竟想不起来。问保姆，也不知道。于蓝老师让我们搀扶着来到隔壁卧室，自己动手翻找起来，我扶着她，生怕老人摔着，最终在一堆杂志里找到了，只见封面上写着"红色影坛双星：田方和于蓝"。我一页一页翻开，听于蓝老师给我们讲这些照片背后的故事：这是田方小的时候，这是我和田方去苏联拍的照片……

如烟往事俱忘却，心底无私天地宽。如今，每个周末，于蓝老师的两个儿子都会来看望老人，每到节假日，家庭聚会雷打不动，两大家子三代人围坐在一起谈天说地，笑语盈盈，是于蓝感到最可心、最快乐的幸福时刻，"那感觉真的好自在、好惬意、好温馨，我似乎忘记了自己的年龄，也好像淡漠了尘世间曾经带给我的一切悲苦和忧伤，我觉得自己是天底下最幸运也是最享福的老人。"粗茶淡饭，朴素乐观，于蓝的晚年生活简单恬淡。

"献身电影爱电影，青出于蓝胜于蓝。祝于蓝老师生日快乐！"一位影坛晚辈在于蓝寿诞时将这句祝福语用隶书写成并精心制作装裱成框。于蓝很是喜欢，将它与各种奖杯、生活照片，一并摆放在窗台上，这些珍贵的物件，向每位来访者静静述说着艺术家当年的青春风采、生命向往以及艺术贡献，而这些也铸成新中国电影的光荣符号。

单霁翔：
改革开放四十年　奋斗着　幸福着

　　单霁翔，故宫博物院院长。1954 年出生，毕业于清华大学建筑学院城市规划与设计专业，师从两院院士吴良镛教授，获工学博士学位。为第十届、第十一届、第十二届全国政协委员，中国文物学会会长。历任北京市文物事业管理局局长，中共北京市房山区委书记，北京市规划委员会主任。2002 年 8 月任文化部党组成员、国家文物局局长、党组书记。2012年 1 月任文化部党组成员、故宫博物院院长、党委书记。2018 年 3 月任文化和旅游部党组成员（副部长级）、故宫博物院院长。

"对于我个人而言，改革开放的四十年是我人生中最为重要的四十年。"谈及改革开放，故宫博物院院长单霁翔感触颇深。他的人生正是因改革开放迎来转折——

1978年，单霁翔还是一个没有读书机会的工人，正是改革开放为他带来了珍贵的学习机会，从此上大学、留学一直读到博士。

34年后，这位从小在四合院里长大，却从没想到自己会到"世界上最大的四合院"来工作的人，在58岁那年，走进故宫，最终成为一位重启宫门的故宫守门人。

时至今日，单霁翔仍清晰地记得六年前刚进入故宫工作时的情景：到任第一天，踏进宫门、挂上工作证的那一刻，就有如履薄冰之感。

那一年，他已在国家文物局局长的岗位上任职10年，彼时的故宫遭遇"失窃门""错字门""会所门""哥窑门""瞒报门"等十重门后，处于舆论的风口浪尖。当组织找到他谈话征求意见时，他只说了三个字"我愿意"，并暗下决心"必须要一竿子插到底地把安全工作、为观众服务工作抓到底"。

"在这六年的时间里，我的每一天都是新鲜、紧迫和深刻的。

必须承认，故宫博物院院长是一个风险很大的岗位，一定要把每一件事都预想好、安排好。"从"十重门"危机，到如今因观众冲刺看名画引发的"故宫跑"，成功实现观众限流，开放面积不断扩大，爆款文创深受追捧，精彩展览应接不暇。六年间，故宫不再只是一个来京旅游的打卡景点，而是成为一座饱含历史的文物古建、一个有温度的博物馆。在 5·18 国际博物馆日前夕，记者走进故宫博物院，独家专访院长单霁翔——

从"到此一游"到"故宫跑"：故宫的"八心"秘诀

记者：今年国际博物馆日的主题为"超级连接的博物馆：新方法、新公众"，如果让您传授故宫经验，您觉得可以归纳几点？

单霁翔：今年国际博物馆日的主题非常接地气，其含义就是让博物馆成为连接公众与多元文化的纽带，用创新的方式方法，吸引更多公众来到博物馆，感受博物馆的文化氛围，获得深刻新鲜的文化体验，共享丰富的文化成果。

总结故宫经验，我觉得最重要的一点，就是一切工作要以观众方便为中心，设身处地地在博物馆当个观众，每天走上一趟，你就知道观众在哪些方面还不方便，这样你就会有所改正。

要想向普通观众，尤其是年轻人打开尘封的历史，解读经典的文化，就需要用一种生动的、喜闻乐见的形式来加以表达。新颖的形式、生动的语言、丰富的内涵、传递出的"正能量"，恰是讲好中国故事的重要元素。我们的成功案例很多，而归于一点，就是把故宫博物院丰富多元的文化元素以及强大的文化资源，与当下人们的生活、审美和需求有效地对接，为大家提供取之不竭的精神食粮，也努力让故宫博物院所代表的中华传统文化既有辉煌的过去、有尊严的现在，也能健康地走向未来。

记者：近年来博物馆、美术馆等公共文化服务机构，渐渐从重管理到重服务转变，我们也深切感受到博物馆更贴近人们的生活，对此，您怎么看？

单霁翔：我曾经用"诚心""清心""安心""匠心""称心""开心""舒心""热心"八个词，来总结故宫博物院应如何服务观众这一问题，其本质是要求故宫博物院采用人性化、以人为本的服务理念，目的是让故宫文化资源走进人们的现实生活。对于我们来说这是一场管理革命。

记者：2013 年我们采访您的时候，您提到遗憾：就是很多观众进到故宫后一直往前走，而错过两旁的精彩展览，现在这个问题解决了吗？

单霁翔：这已经不再是遗憾了，这个问题的解决成为让我极为欣慰的一件事情。

近年来，故宫博物院有两个现象特别突出，一是过去 80% 的观众"到此一游"，没有看到故宫博物院的展览就出去了，现在 80% 的观众都要看院内的各个展览，无论是午门城楼上的各类特展，还是珍宝馆、钟表馆等常设专馆，以及 2015 年开放的外西路区域，每天都迎接熙熙攘攘的观众前来参观，节假日期间很多展厅门口还排起长队，这在以往是极为少见的；再有，过去看展览的观众中极少能看到年轻人，估计连 30% 都不到，现在这个比例彻底逆转了，展厅里 70% 的观众是年轻人。对于我们来说，现在真真切切地感受到了从"故宫"到"故宫博物院"的彻底转变。

记者：这源于故宫近年来策划了一系列高品质展览，但随之也出现了"故宫跑"的现象。一方面体现了人们对优秀文化的热忱，同时也反映出优质文化资源供应不足的问题。您怎样看待这一冷一热？

单霁翔：2015 年的"石渠宝笈特展"和去年的"千里江山——历代青绿山水画特展"举办期间，都发生过"故宫跑"现象，我们及时采取相应措施，如分发号牌、分时段参观等，保证了观众参观秩序和安全，同时也收获了很多启示。

故宫博物院究竟怎样做到既妥善保护文化遗产，又满足广大民众的文化需求？最现实的做法，就是努力扩大开放，举办更多观众喜闻乐见的展览，让更多深藏不露的文物藏品以更加富有创意的方式与公众见面。同时，也要不断创新观众服务方式，避免观众长时间排队等候，以精细化的管理措施，保证观众的参观质量。再有，努力举办"立体化"展览，通过数字影像辅助导览、展览宣传策划等，并且针对重点展览研发相应的随展文化创意产品，让一项展览的社会影响最大化、观众体验最优化。

记者："火"的不仅仅是故宫展览，还有多款"萌萌哒"的文创产品。您觉得怎样把文创产品的时尚化、年轻化和故宫深厚的文化底蕴相融合呢？

单霁翔：很多媒体热衷于宣传故宫"萌萌哒"的文创产品，实际上"萌萌哒"的文创产品并不占故宫文创的主流，不超过总量的 5%。去年年底，故宫已经研发了 10500 种文创产品，大量体现故宫文化底蕴、实用性强、制作精良、创意十足的故宫文化创意和数字作品，正在以各种鲜活生动的方式走出紫禁城、来到社会民众身边。

故宫博物院一直在思考故宫文化如何与今天的人们生活顺畅对话的问题，希望能够用文化创意，将文化遗存与当代人的生活、审美、需求对接起来，让故宫博物院更加"接地气"。希望能够通过文化创意产品的载体，让传统文化与观众的文化需求完美"对接"，研发出具有故宫文化内涵、鲜明时代特点，实用性强、绿色环保、价格合理，贴近观众需求的故宫元素文化创意产品。

记者：您提到要把紫禁城完整地交给下一个 600 年。故宫博物院新馆选址和设计已基本完成，未来在科技与文化方面将得到最好的交融呈现。能具体谈谈有哪些规划吗？

单霁翔：作为"平安故宫"工程的核心内容之一，故宫博物院北院区项目目前进展顺利。新馆选址在海淀上庄地区，南面是颐和园、圆明园，北面远处是八达岭和十三陵，占地 10 万多平方米。北院区将进行多功能的分区使用，包括文物修复与展示中心、故宫文化传播中心、宫廷园艺中心、科技保护研究中心等。其主要功能是作为大型文物保护修护中心和博物馆展厅，同时建设数字博物馆，使故宫博物院数字技术能够得到展示。

新馆主要有两个功能：一是文物修复地，比如 1500 块大地毯、33000 件武备仪仗，这些大家具在故宫文物院没有空间修复，所以要建一个大型的文物修复地，让观众在这里既能够领略到故宫文物藏品的丰富多样，也能感受到各类文物修复技艺的精湛与高超，以及"数字故宫"成果的精彩纷呈。二是跟故宫历史文化关系不大的藏品展览，如白沙宋墓 100 多箱出土文物等新中国成立以后陆续进宫的藏品，可以在新馆气势恢宏地布置出来。

执掌宫门六年：只给自己打 70 分

记者：博物馆馆长应该是严肃的，但您留给我们的印象却是风趣幽默的。很多人用"段子手""网红"来形容您，您喜欢这样的评价吗？

单霁翔：其实我不是段子手，我不讲段子，我是讲故事。博物馆的文化需要通过喜闻乐见的讲故事的形式讲出来。我有个特点，讲话不用稿，说的时候还带点口头语。我觉得应该讲文物背后的故事，善于使用"幽默"，是一种很有效的沟通交流手段。一段演讲在吸引观众会心一笑的同时，也会给他们留下深刻的印象。幽默只是形式，丰富的文化内容以及它传递的"正能量"，才是最重要的。我不仅是一个看门人，还应该是一个讲解员，把历史和文物藏品背后的故事讲出来，可能人们会更爱听一点。

记者：在《朗读者》节目中，大家惊诧于您不仅能准确记得故宫文物的数量，还用了整整五个月的时间走遍了故宫的 9371 间房间，能否和我们聊一聊您的"故宫情结"？

单霁翔：我是在北京长大的，住了很多四合院，我开玩笑说，没想到最后一个岗位是在北京最大的四合院看门。

我到故宫博物院之前，曾在北京市文物局及国家文物局工作过，调研与学术研究相结合，让我的视野、关注的重点紧紧锁定在文化遗产保护事业。文物局工作期间，很多方面的工作与故宫博物院的文物保护、博物馆管理有着较密切的联系，所以我对故宫并不陌生。2012 年年初，我来到故宫博物院工作，担任这个知名世界文化遗产地的"看门人"。我深刻地感受到，故宫的文化底蕴深不可测，文化资源博大精深。面对故宫这处有着 600 年历史的文化瑰宝，面对故宫博物院这座有着 90 年历史的文化圣地，必须心怀敬意地加以研究、小心翼翼地进行保护。

记者：2012 年年初您临危受命，执掌故宫，从"故宫黑"到"故宫跑"，再到"故宫萌"，这六年故宫发展成绩不俗，回想当时进入故宫工作，您压力大吗？

单霁翔：2012 年年初进入故宫博物院，到现在已经整整六年了。在这六年的时间里，我的每一天都是新鲜、紧迫和深刻的。必须承认，故宫博物院院长是一个风险很大的岗位，一定要把每一件事都预想好、安排好。

担任故宫博物院院长，对我的能力、学识、经验都是一个挑战。因此，我的工作从调查研究开始。分别向各位院领导讨教，到故宫博物院的 30 多个部处走访，利用节假日拜访在职和离退休的著名学者、文物专家和历任院领导，聆听大家的指导和建议。可以说，故宫博物院开展每一项工作，往往都深刻而多样地交织着"两难"的问题，都需要"左顾右盼"，三思而后行，都需要掌握其中的辩证关系，才能正确加以判断与应对。

记者：如果让您给这六年打个分，您给自己打多少分？

单霁翔：我觉得能打 70 分，比及格好一点。因为故宫还有很多事情要做，满分还远远达不到。世界上没有一座博物馆的藏品中，珍贵文物的比例占比如此高，93.2% 是国家一级、二级、三级文物，我们现在努力扩大开放，希望到 2020 年能有 8% 左右的文物展出来，比现在翻四倍，这样的目标其实还是很低的目标。

到故宫北院区建成时，我们想提高到 15% 或 16%，现在我们努力使故宫文物走出红墙。到全国各地、世界各地展览。这些取得了很好的反响，也让文物能够真正活起来，活在现实社会中，不只是把它们作为保管、陈列的对象。这些方面，我们确实差得还很远，我打 70 分绝对高了。

改革开放四十年：奋斗是幸福的，也是无怨无悔的

记者：今年是改革开放四十年，您说过改革开放带来的巨大变化是使人们的能力在为社会做贡献时得到巨大的提升。改革开放四十年，对您个人而言，带来了哪些影响？

单霁翔：对我个人而言，改革开放的四十年也是我人生中最为重要的四十年。改革开放后不久，我得到了去日本留学的机会，开

始从事关于历史性城市与历史文化街区保护规划的研究工作，回国以后也在工作的同时继续深造，从理论和实践上对文化遗产保护事业有了更加深入的认识和提升。同时有幸担任第十届、第十一届、第十二届全国政协委员，十五年共提交政协提案 226 件，而且我保持着对文化遗产事业的"执着"和"专一"，每一件提案都是关于文化遗产保护的。我竭尽全力，在我的每一个工作岗位上努力做到尽职尽责，为我国的文化遗产保护、传承与发展的伟大事业贡献自己的一分力量。所以，这四十年也是我不断奋斗和收获最多的四十年，回头看这匆匆逝去的时光，我深切地感受到：奋斗是幸福的，也是无怨无悔的。

记者：这些年，故宫发展有目共睹，不仅研发了数字故宫社区、网络预约购票，通过"互联网 +"技术传播故宫文化。您觉得改革开放对于故宫而言，有哪些深远影响？

单霁翔：改革开放前，故宫开放了很多年，一直被人们看作是旅游景点，但是现在人们进入故宫后，它是文化古建，是一座博物馆，有看不完的展览，人们有要针对性参观的地方，这是故宫一个非常大的变化。

这些其实是来自于方方面面的提升。比如我们的藏品清理，郑欣淼院长当年带领故宫人用七年时间清理故宫文物，今天才有很多藏品可利用；比如古建筑修缮，郑欣淼刚当院长时，就启动了修缮工程，现在才有可能扩大开放；再比如当时很多单位在故宫里办公，这些单位现在都搬出去了，故宫得以更安全，开放区域进一步扩大。再加上文物修复人员，藏品修复、古建筑修复，都离不开非物质文化遗产传承的工匠们，这些缺一不可。所以观众看到的是今天故宫正在走向世界一流博物馆。

记者：到 2020 年，您说"要把紫禁城完整地交给下一个

600 年"，这几年还有哪些大事要办？

单霁翔：2020 年，紫禁城建成 600 年，将迈进世界一流博物馆行列。

2020 年的故宫博物院，是平安的与壮美的。我们正在实施两项工程，一是从 2002 年开始为时 18 年的"故宫古建筑整体维修保护工程"，二是 2013 年 4 月 16 日被国务院批准立项的"平安故宫"工程。这两项工程的完成节点都是 2020 年。到那时，故宫博物院开放面积将达到 80%。

2020 年的故宫博物院，是学术的与创新的。2013 年成立的故宫研究院和故宫学院，将开展的十余项科研与出版项目在学术界具有前沿性和开拓性的特点，对今后文物博物馆界从事大型科研工作的模式具有积极的探索意义。

2020 年的故宫博物院是大众的与世界的。故宫博物院不断"让文物活起来"，在保护好故宫世界文化遗产的基础上，深度挖掘文物资源，促成文物保护成果创造性转化，成为服务于大众的故宫、走向世界的故宫，只有这样才能把壮美的紫禁城完整地交给下一个 600 年。

※ 人民网采访单霁翔视频

| 记者手记 |

对话单霁翔：我不是"段子手"
我是讲故事的人

五月的紫禁城，朱墙黄瓦，桃红柳绿，春色满园。在京城美丽的春日时节，我们再度踏进故宫，对话这位自称在"世界上最大四合院"看门的院长单霁翔。

"院长来了！"午后间隙，顾不得休息，单院长疾步走入采访间——位于建福宫中幽静雅致的静怡轩。因为要接受我们的视频采访，单院长特意穿了一身笔挺的灰色西服，显得格外精神，唯一不变的，还是脚踩标志性的黑色老布鞋。

因为风趣幽默的谈吐，网友亲切地称这位"萌萌哒"院长为"段子手"，当记者问单院长是否喜欢这样的称呼时，他却一本正经地说："我从不讲段子，我是讲故事——我有个特点，讲话从来不用文稿，我不仅是一个看门人，还是一个讲解员。我觉得应该讲文物背后的故事，我要用年轻人喜欢的方式，把这些历史和文物藏品的故事讲出来，可能人们会更爱听一点。"

的确，他是一个称职的"讲解员"——自 2012 年 1 月 10 日履新故宫以来，6 年里仅采用多媒体形式，这位凡事身体力行的"网红院长"就亲自讲解了 1185 场次，约 2000 小时，涉及听众 10 余万人次。

他也是一个好学的"工作狂"——"奋斗是幸福的，也是无

※ 单霁翔院长向记者黄维介绍展品

怨无悔的"。谈及青春岁月，单院长很动情，14岁最渴望学习知识的时候却赶上上山下乡，在农村耕田种菜，后来进了工厂当了八年工人，完全靠自己自学，"文化大革命"结束后，终于有了上学机会，便利用一切时间如饥似渴地学习，后来考上大学并幸运地被派遣到日本留学四年。"在我的生活中从来没有星期天"，留学归来后，怀着感恩之心，边工作边学习，一直读到博士。

今年64岁的他，身上总透着一股青春不老的人生风采，每天的日程表排得满满的，一如既往地辛劳在故宫的一砖一瓦、一枝一叶上，"我常常把自己的年龄都忘掉了，忙碌的工作反而让我更快乐，有次做心理测试，我居然是28岁，每天勤奋工作、努力学习，觉得日子特别充实。"对于他而言，最好的休息，便是每天晚饭后的点灯夜读。

他更是一个有魅力的文化人。一方面学识渊博，能将各个领域的知识融会贯通，博观而约取，令人感到无限敬仰。另一方面又是那么平和真诚，面对年轻记者，他用"您"来称呼，将采访提纲一丝不苟地认真准备，让人无比亲切；面对前辈学者，他总是毕恭毕敬亲自搀扶，每到节假日必去家中探望。

作为故宫博物院的第六任院长，执掌宫门以来，正是源自他对故宫的热爱和尊重，源自他对故宫的了解和熟悉，这些年，他带领着故宫人用心守护着紫禁城，对症下药、大刀阔斧地启动了保护修缮工程——六年间，故宫不仅成立了世界第一所文物医院，研发了数不清的爆款文创，实施中的平安故宫工程，让9731件古建和186万件文物"活"了起来，古殿、绿草、朱墙、黄瓦不动声色地诉说着改变……快600岁的紫禁城，在与现代人共生共长的过程中，愈发神采奕奕，"阳春白雪"的传统文化变成"喜闻乐见"。成绩大家有目共睹，然而对这些年的表现他自己又会打多少分呢？

让人想不到的是，这位敬业的院长却只给自己打出70分——"因为故宫还有很多事情要做，离满分远远达不到。要让文物能够真正活起来，活在人们生活中，活在现实社会中，不只是把它们作为保管、陈列的对象。这些方面，我们确实差得还很远，我打70分绝对高了。"

一个小时的采访过得飞快，结束时，单院长似乎意犹未尽，打趣地说："太短了吧？"工作人员笑着说，院长只要说起故宫，就打不住，是啊，心之所住，便乐此不疲。"就是真正把这里当成家了，有一种想呵护每一个角落的愿望。我在故宫里走千遍，把故宫读千遍，把故宫讲千遍都不厌倦。"

走出宫门，蓦然回首，夕阳余晖静洒，整个紫禁城笼罩在一片光亮之中，更增添了一分柔美秀气。

再过两年，壮美的紫禁城将迎来600岁生日，期待那时，我们再度走进故宫采访这位了不起的中华文化传播者。

才旦卓玛：
扎根西藏五十年　一生爱唱这支歌

　　才旦卓玛，国家一级演员，女高音歌唱家。1937年出生，现任中国文学艺术界联合会第十届荣誉委员。代表作品：《翻身农奴把歌唱》《唱支山歌给党听》《北京的金山上》。

　　一提起西藏，我们会很自然地联想到浩瀚的高原、澄净的蓝天、洁白的哈达，当然还有才旦卓玛。作为新中国藏族第一代歌唱家，从农奴的女儿到人民艺术家，从 18 岁到耄耋之年，才旦卓玛的歌声婉转动人，那股糌粑与酥油茶的味道醉人心扉。

　　《唱支山歌给党听》《北京的金山上》《毛主席的光辉》……沐浴在党的阳光雨露下，才旦卓玛一路歌唱，她将自己对党、对西藏、对人民的爱都蕴含在歌声中。改革开放四十年间，为了家乡文艺事业的发展，才旦卓玛扎根西藏，不但走遍了雪域高原上的大小村落，将欢笑带给了家乡人民；还踏足过三十多个国家，让嘹亮的歌声在五大洲回响。在改革开放四十周年之际，记者独家专访著名歌唱家才旦卓玛，一起聆听这些年来，她还有多少温暖的歌儿想要唱给党听。

唱支山歌给党听
"我一定要唱这首歌，把对党的感激之情唱出来"

　　记者：提起您的名字，人们的耳边就会响起那首家喻户晓的《唱支山歌给党听》，您在歌曲中用真情感动了所有听众。但是也有很多人不解，因为当时您的汉语说的不是很流利，为什么要唱一首汉语歌曲？

才旦卓玛：《唱支山歌给党听》是我在 1963 年演唱的，那时候我还在上海音乐学院读书。我第一次听到这首歌时，心里就充满了感情。这首歌的歌词就像是在说我家乡人民的经历，我亲眼目睹了家乡农奴的辛酸过去，又见证了大家翻身做主人后的幸福生活，亲身感受到了党的温暖。所以我觉得如果能够通过这首歌来表达我对党的感恩之情该有多好。

我就向老师恳求，说希望能唱这首歌。由于当时我的汉语还说得不太好，老师就询问我为什么这么坚持。我回答道，这首歌的歌词就是我想要对党讲的话，特别是"唱支山歌给党听，我把党来比母亲，母亲只生了我的身，党的光辉照我心"，有了党的号召、带领，我们才能翻身得解放。所以我觉得我一定要唱这首歌，向大家表达我对党的感情。

后来，这首歌的作曲家朱践耳老师也被我的演唱感动了。他告诉我，要将一首歌唱好，首先要感动自己，然后才能感动观众。这更加坚定了我的决心，我一定要把这首歌唱好，把心里对党的感激之情唱出来。

记者：在这首歌问世的 40 多年后，您又演唱了一首《再唱山歌给党听》，为什么会有这样的创作？

才旦卓玛：当时中央电视台在准备春节的歌舞晚会，我们西藏年轻歌唱家索朗旺姆提出，想演唱由她自己创作的《再唱山歌给党听》。导演听过这首歌之后，向她提议邀请我一起演唱。我听过《再唱山歌给党听》之后，看到歌词里面表达出了民族的大团结，以及各民族对党的感情，我觉得写得很好。而且，作为前辈，我也应该带着这一批新一代的歌唱家一起将这种精神传承下去，歌颂党、歌颂祖国是我们永远的主题。所以我就决定和索朗旺姆一起演唱这首歌。

记者：我们知道您在 1994 年设立了才旦卓玛艺术基金，鼓励藏族新人进行艺术创作。您当时设立这个基金的初衷是什么？这 20 多年发展得如何？

才旦卓玛：改革开放以来，我们和香港、澳门之间的联系也不断加深。我当时是西藏文联主席，在澳门回归前，澳门的美术协会和我们西藏文联一直有沟通和交流。在《澳门基本法》表决通过一周年之际，澳门方面邀请我们到澳门演出。演出结束之后，很多澳门人士都被我们感动，希望给予我们西藏的文艺团体一些帮助，对西藏文艺事业的发展做一些贡献。所以，我们在两家澳门企业的帮助下，设立了才旦卓玛艺术基金。艺术基金除了歌舞之外，还涉及绘画等方面，都是澳门同胞对西藏人民的感情和心意。

在艺术基金成立之后，我们举办过若干活动和比赛，其中有表彰个人的奖项，也有对优秀作品的奖励。希望年轻的藏族文艺工作者能够保护、传承好本民族的艺术，为西藏和全国人民服务。

改革开放四十年
"没有改革开放，西藏的文化艺术就很难走出去"

记者：从 1974 年开始，您先后担任了西藏自治区文化局副局长、西藏自治区政协副主席、中国文联副主席等领导职务。在您眼中，改革开放四十年给西藏文化事业发展带来了哪些变化？

才旦卓玛：在改革开放这四十年间，党和政府很尊重我们民族的文化特色，西藏文化发展得相当快。如今西藏的各个地区都有文工团，能为人民群众带去丰富多彩的艺术演出；一些传统的文艺形式，我们也在努力地保护和传承；此外，通过西藏电视台等媒体，我们能向全国乃至全世界展示我们西藏的民族文化艺术。无论是古老的格萨尔史诗，还是藏戏，又或者是丰富多彩的民族歌曲，西藏不同风格的民间艺术都得到了很好的保护和展现。

国家也非常重视我们西藏的文物古迹保护工作，对布达拉宫、罗布林卡、萨迦寺等珍贵文物古迹的修缮投入很大。文物保护工作还积极吸收当地农牧民参与，既增加了他们的收入，又为我们西藏的文物保护工作培养了一批能工巧匠。

记者：这些年来，改革开放给您个人带来了哪些影响？

才旦卓玛：改革开放这四十年来，我之所以能有这么好的发展机遇，都是源于党和人民对我的信任。党和政府当时希望我能继续唱歌，通过歌声来表达对党的感情，表现改革开放以来西藏的发展以及西藏人民生活发生的翻天覆地的变化。对我个人而言，这也是一个成长的过程，让我对西藏各地区的文化艺术有了更全面的了解。

改革开放四十年间，我们到全国、世界各地去演出，我们通过文艺演出展现西藏的变化，外国人看完我们的表演之后，都能感受到改革开放以来西藏的发展变化是如此之大。

记者：您曾出访过世界上 30 多个国家，嘹亮的歌声遍及五大洲。中国也通过"一带一路"倡议等对外传播中国的文化，在西藏民族文化走出去的过程中，您有怎样的感受呢？

才旦卓玛：改革开放以后，西藏的文化艺术也得到了长远的进步和发展，我们对西藏的宣传也越来越多。改革开放之前，很多外国人对西藏非常陌生。有一次我在保加利亚演出，他们的舞台监督非常喜欢我们的表演。他以前对西藏一无所知，但那天看了我们的演出，听了我们的歌声之后，让他对西藏有了直观的认识。他对我说，我们的歌声让他联想到了喜马拉雅、珠穆朗玛，就好像亲身到了西藏一样。没有改革开放，我们西藏的文化艺术就很难走出去。

这么多年我始终坚持唱藏族民歌，我认为只有坚持自己的民族特色，别人才能了解和尊重你的文化。我们国家有 56 个民族，有丰富多样的民族艺术。我们要把自己的文化、艺术特色传承下来，要把根扎深，这是弘扬民族文化艺术的关键。

记者：改革开放以来，我们国家在各方面都有着巨大的发展和变化，作为一个文艺工作者，最让您感到欣喜的是什么呢？

才旦卓玛：改革开放四十年来，在党的领导下，我们国家的发展进步相当大，而且这些进步是看得见、摸得着的。不仅仅是经济和科技这些方面发展得很快，我觉得文化艺术领域也是如此。以我的亲身经历来说，四十年前我们到国外去的时候，很多外国人都不了解我们，甚至还有人看不起我们。改革开放之后，不仅人们的生活变好了，其他国家的人们也逐渐了解并喜欢上我们丰富多彩的民族艺术，这让我们这些老文艺工作者非常高兴。

感激党、感激人民
"一心一意为党、为人民唱好歌"

记者：除了到国外演出以外，多年来您一直跟随西藏歌舞团下乡演出，为农牧民歌唱，为边防战士歌唱。在下乡演出过程中有哪些难忘的经历？

才旦卓玛：西藏地广人稀，下乡演出的条件比较差，很多地方交通不方便，有时候大家只能骑马，甚至还得背着背包走路过去。但大家都非常乐意下乡去演出，没有怨言。我们作为文艺工作者，是为人民服务的，在演出的过程中我们和老百姓打成一片，也能学习到很多东西。那时候在农村演出，老百姓说从来没有想到我们能到他们村子里表演。大家和演员们一起唱歌跳舞，非常开心。

除了农牧民区之外，我们也去过部队演出。部队在边防线上站岗放哨、保卫祖国、保卫人民非常艰苦，我们通过歌舞表达对他们的感谢。有一次去定日县的兵站演出时，大家都很累了，甚至有些缺氧，但没有人有任何怨言。演出结束后，我们又得知炊事班有几位战士因为做饭没有来，就决定到厨房去给他们再唱几首歌。

记者：您刚才也提到，在下乡过程中和人民一起唱歌跳舞，和乡亲们打成一片。您当时为什么会决定返回西藏？家乡的山水给您的演唱和艺术生涯带来了哪些滋养？

才旦卓玛：当年在北京演完《东方红》后，周总理问起我的毕业规划，我还有些迷茫。总理希望我回家乡看看，回家乡歌唱——他给我打了个比方，说我是藏族歌唱演员，离开家乡太久的话，"酥油糌粑"的味道就会慢慢少了。总理告诉我，西藏解放不久，像我们这样的文艺工作者，应该回去宣传我们党的民族政策。为了这句嘱托，我义无反顾地坚守在西藏，与家乡人民心连心，为家乡人民歌唱。

现在回想起来，总理当时给我指了一条最好的路。在西藏的这些年，我和大家一起生活，向更多的人宣传党的民族政策。我当年在上海读书的时候，歌声里的民族特色并不多。回到家乡以后，跟大家一起工作，一起唱歌，对我的歌唱生涯有很大帮助。

此外，我回到西藏以后，家乡人民看到党确实培养了我们藏族的年轻人，他们非常高兴。因为在刚解放不久时，有人造谣说藏族年轻人出去以后，共产党就不让他们回来了。我们回去以后，这些谣言就不攻自破。

记者：习近平总书记曾说过，文艺创作方法有一百条、一千条，但最根本、最关键、最牢靠的办法是扎根人民、扎根生活。

您的表演也一直是扎根人民、扎根生活，一直为人民贡献自己的艺术。

才旦卓玛：我觉得习近平总书记的话讲得非常好，对我个人来说有很大的教育意义。我们做文艺工作的，归根到底是为人民服务，为祖国服务。这几年来，总书记对文艺工作非常重视，很关心我们文艺工作者。他之前还对我说过，你们是西藏的见证人，一定要传承好民族的艺术。总书记对我们这么关心、这么重视，不禁让我思考，我们该如何去做文艺工作？文艺工作的根子在哪？根子就在人民。我感激党，感激人民，感激大家的帮助。所以，我在思想上时刻不忘要一心一意为党、为人民唱好歌。

我有好多歌曲都是歌颂党、歌颂祖国、歌颂家乡的。作为一个文艺工作者，首先得在思想上有清醒的认识。拿到一首歌之后，自己首先得了解这首歌唱的是什么，明白了才能唱出感情，观众是能分辨出来的。我唱歌不是为个人而唱，是为人民而唱。大家听懂了歌中的情感，我作为一个歌唱演员就成功了。

六十载歌唱生涯
"只要身体允许，我就要一直为人民歌唱"

记者：从 18 岁到现在，您的歌唱生涯已经有六十多年了，但您的声音仍"永葆青春"，有什么保养的方法和大家分享一下吗？

才旦卓玛：也谈不上什么保养。身体很重要，身体好、精神才会好，才能唱好歌。没有精神的话，就是想唱歌，气息也跟不上。

记者：那您平时是怎样锻炼身体、保持健康的呢？

才旦卓玛：我锻炼身体的方法就是每天练练歌，唱一些简单的民歌，让气息保持流畅。另外，要保持心情舒畅，把心放宽了，身体自然就好了。

记者: 在练歌的时候会非常投入地放声唱出来吗?

才旦卓玛: 现在居住的环境不一样,大家都住在小区里,这边有一点动静在那边就能听到,所以有时候也就是自己琢磨琢磨,怎么样唱会更好。但还是会稍微练习一下,不练的话就会生疏。

记者: 从 18 岁就登台演唱,一直到现在。回望您的艺术生涯和中国文艺事业的发展历程,您个人最深刻的体会是什么?

才旦卓玛: 我从 18 岁开始在舞台上唱歌,在党的培养下,又去了上海音乐学院学习,为我日后的歌唱事业打下了基础。这么多年来,我一直秉持着一个信念,就是一定要通过自己的歌声来表达对党和人民的感情。所以我一直希望自己可以通过更多的歌曲来歌颂党、歌颂祖国、歌颂人民。我最擅长的就是唱歌,能给党、给人民唱歌,我就感到非常开心。所以只要身体允许,我就要一辈子为人民歌唱,用我的歌声来赞美新时代,赞美新西藏,不辜负党和人民对我的培养和支持。

※ 人民网采访才旦卓玛视频

爱"较真"的才旦卓玛

"唱支山歌给党听，我把党来比母亲……"我做着采访前的准备工作，背景音乐是手机里循环播放的《唱支山歌给党听》《北京的金山上》等歌曲。我对它们耳熟能详，却没有深入了解过演绎这些歌曲的歌唱家——才旦卓玛。

距离约定的采访时间还有不到半个小时，我用冷水拍了拍脸，想要驱散早上六点从北京出发飞到成都的旅途疲倦。当然，相比于疲倦，我内心更多的还是紧张和激动。正当我在座位上调整自己的呼吸时，才旦卓玛老师到了，我赶忙起身和才旦老师打招呼。与她高亢嘹亮的嗓音形成鲜明对比，才旦老师讲话的时候很温柔，语调和缓且细腻。

访谈从《唱支山歌给党听》谈起。回想起当年演唱这首歌时，才旦老师内心依然很激动，"我觉得这首歌我一定要自己唱，要通过这首歌向大家表达我对党的感情。"在回答完这个问题后，她似乎想起了什么，跟摄影师示意了一下暂停了拍摄，向我招了招手。我疑惑地走到她身旁，她语重心长地说，"我在这里要纠正一下，《唱支山歌给党听》并不是《东方红》里的曲目。很多媒体都误传了。"我点点头，在本子上记录了下来，她看到我写完后，继续说，"《东方红》里面的那首，应该是《毛主席的光辉》，你们一定不要搞错了。"

访谈继续，与她个人的经历相比，才旦老师更乐意讲述集体的故事。谈到西藏改革开放四十年间民族艺术的发展时，她的话语中有着抑制不住的欣喜与骄傲，我们能从她的语气中感受到她对于西藏文艺事业发展的由衷喜悦，"无论是古老的格萨尔史诗，或者是藏戏，又或者是丰富多彩的民族歌曲，西藏不同风格的民间艺术都得到了很好的保护和展现。"

才旦老师对当年到农牧民区、到兵站演出的事情记忆犹新——道路不通，她就骑马甚至徒步前往大小村落，与百姓一起唱歌跳舞；有炊事班战士因为工作看不了演出，她就特地到厨房为战士们加演。突然，才旦老师再次向摄影师示意暂停拍摄，"我从上海回西藏，后来下乡演出时加入的是'歌舞团'，不是'文工团'，这个也有很多媒体在误传。"我看着采访提纲上写着的"文工团"三个字，感到自己的脸有些灼热，忙不迭地点头应着，用笔飞速地将其划掉，郑重地写上"歌舞团"。

才旦老师的汉语比我想象的要流利。谈到"才旦卓玛艺术基金"的时候，她在回答之前先告诉我："你们说得很好，这是基金，不是'基金会'，之前我看到有媒体把它说成是'才旦卓玛艺术基金会'。我就一个人，怎么搞得起一个基金会呢？"她皱着眉头说。看着我也将这条记录在本子上，她才放心地和我们介绍起这个艺术基金的情况。

访谈结束后，我们请才旦老师为我们录一条节目ID，其中有一两个字她读起来有些"卡壳"。不知不觉已经录了七八遍了，在我们都觉得她已经讲得是够好的情况下，老师自己仍不满意。她用手轻轻拍了拍额头，拿起水杯抿了一口，重新面对镜头坐好。"改革开放四十周年，文艺名家讲述亲历。"一次过！我们纷纷鼓掌，老师自己也笑了。

　　最后，我们提出想和才旦老师合影留念，她很高兴地答应了。当我自然而然地跑到她坐的位置旁准备蹲下的时候，她却站了起来，整理了一下自己的衣服。我有些发愣，连忙说道，"您坐，我蹲着就行。"她摇摇头，向我解释，"站着好，能站着就站着，显得精神。"快门按下去的一瞬间，画面定格，才旦老师精神抖擞。

　　"感谢您能接受我们这次的采访。"我向才旦老师道谢，她笑着摆摆手。准备离开的时候，她似乎又想起了什么，回过头来，对我再次叮咛，"记住了，《唱支山歌给党听》并不是《东方红》里的歌曲……"

　　才旦老师把采访过程中交代要注意的事情又和我说了一次，看到我点了头表示一定记住之后，她笑着和我们挥手道别。我没想到才旦老师会这么"较真"——这或许就是她的歌声能在时代的长河中意气风发流淌下去的原因之一吧。（韦衍行）

姜昆：
以欢笑的形式记录时代

　　姜昆，国家一级演员，相声表演艺术家。1950 年出生，现任中国曲艺家协会主席。多年从事相声艺术创作表演，代表作品:《如此照相》《虎口遐想》《新虎口遐想》等。

姜昆走进会客室的一瞬间，让人不禁感叹当年风靡春晚舞台的那个年轻人未曾老过。虽然刚刚结束在新加坡的讲座匆匆返京，但是这位 68 岁的艺术家依旧神采奕奕，脸上始终绽放着亲切的笑容。

1987 年春节晚会上，姜昆与唐杰忠表演的《虎口遐想》堪称是一部教科书式的经典作品。一个沐浴在改革春风中的年轻人形象，深深烙印在中国人的心中。

从改革开放初期的《如此照相》，到 2017 年的《新虎口遐想》，姜昆在舞台上陪伴了观众近 40 年，也见证了中国相声 40 年的风雨兼程。在改革开放四十周年之际，记者独家专访著名相声表演艺术家姜昆，一同见证他用欢笑的方式记录改革开放的荣光。

"改革开放为相声创作吹进一缕春风"

记者：谈到改革开放初期的相声作品，人们首先会想到您在 1979 年表演的《如此照相》，在您看来，这部相声为何在当时引起热烈反响？

姜昆：《如此照相》是迎着改革春风而生的作品。它如同一只新苗，在极为重要的历史节点破土而出。它揭示了人民对于极左思潮的厌恶和批判，表达人们希望将过去极左的革命航船拨正方向的心声。这部作品用荒诞的手法讽刺现实社会的问题，用幽默的语言反映广大民众的心声。它用曲艺独具的艺术表现方式，收获四两拨千斤的良好效果，引领了曲艺的新风尚。

记者：在此之后，您又创作了让观众津津乐道的《虎口遐想》《祖爷爷的烦恼》等一系列作品，您觉得这些作品的成功因素是什么？

姜昆：相声作品之所以成功，是因为它把"包袱"藏在一个个充满生活气息的场景中，让观众感觉既亲切，又可乐。它把生活中的琐事、烦心事调侃成段子，给老百姓的平凡生活点缀不少乐趣。

不仅如此，它还将老百姓的生活符号作为时代特点记在相声当中，观众听相声时，如同翻阅一篇篇时代的画册。正因为有了计划生育基本国策"只生一个好"，才有了《祖爷爷的烦恼》；正因为打开国门，才有了"TDK""老三洋"这些让大家捧腹大笑的文化符号。人们乐于听，乐于看，也乐于回想，在相声中愉快地回忆过去的生活。可以说，在改革开放之后，崭新的生活赋予相声创作全新的生命力，为相声吹进一缕春风。

记者：如何让相声与百姓生活充分结合，找出藏在生活中的"包袱"？

姜昆：要想找到真正有趣的"包袱"，就要亲自到生活中采集笑料，讲身边的人，说熟悉的事，把最能引起共鸣的内容反映在作品当中，这样才能切实拉近与观众之间的距离。

比如，为了响应政府"争做文明市民"的号召，我们创作了《我与乘客》。为此我们专门到无轨电车 103 线路上体验生活。103 路终点站是和平里，于是诞生了作品开头的第一个包袱。我介绍说："这位老何同志。"李文华先生说："我不姓何！""我记错了，您姓平，老平同志！""我也不姓平！""那你姓什么？""我姓李！""噢！和平里！"这个包袱的来源就是生活。

老一辈艺术家告诫我们："要想嘴会说，多唠庄稼嗑。"18 岁时我在东北当"知青"，接触到很多当地方言，后来运用到相声当中——"知道北京人在人民大会堂招待外宾吃什么？猪肉炖粉条可劲造！"这些都是东北生活当中的"庄稼嗑"。只有做到求教于人民、求教于生活，用生活的丰厚滋养和沁润心田，才能创作出更多有筋骨、有道德、有温度的精品力作。

记者：进入新时代，"80 后""90 后"的群体力量逐渐壮大，相声作为一门传统曲艺如何与年轻人对话？

姜昆：相声离不开年轻观众。作为一种传统曲艺形式，我们不能故步自封，要想办法吸引年轻人。现在一些老同志总说："不理解年轻人在互联网上说的话、唱的歌"。但是，忘掉年轻人就是忘掉明天，没有明天就没有希望。所以要吸引他们听相声，要想办法主动靠近他们，抓住年轻观众的心。

现在是相声的好时代，因为传统相声时新化、相声人才年轻化的趋势非常明显。小剧场如雨后春笋般蓬勃发展，为相声人才的传承提供沃土。在小剧场里，年轻人说相声给年轻人听，说者与听者更容易产生共鸣。相声不断被注入新鲜的血液，传统曲艺就能持续不断地焕发活力。

记者：您在接近年轻观众方面做过哪些尝试？

姜昆：在系列演出《姜昆"说"相声》中，我专门设立了"姜昆和'80 后''90 后''说'相声"板块，旨在增加与年轻人的沟通和对话。我还学了街舞、说唱，希望将传统相声和流行元素相结合，从而吸引孩子们来听相声。

在《新虎口遐想》中，作为老同志，我讲述我的苦恼，但是这种苦恼也让年轻人觉得有趣，因为这确实也是他们的生活。"掉老虎洞里，没有人救，全拿手机拍照"。这种"包袱"和年轻人非常贴近。所以想要吸引年轻人，就要设身处地为他们着想。一方面贴近他们的喜好，另一方面也引导他们正确地欣赏艺术，用充满正能量的作品影响他们的生活。这是我们曲艺工作者的责任和担当。

"有了讽刺，相声才有灵魂"

记者：改革开放四十年间，您始终活跃在相声舞台上，从中央广播文工团说唱团的一员，到中国曲协主席，在您看来，相声在社会进程中扮演着怎样的角色？

姜昆：相声是记录时代的画册。相声艺术一直紧跟时代步伐，应时而变。它反映出彼时的社会风气、人民群众的精神面貌以及存在的现实问题。但是这些又是以欢笑的方式为人所熟知。

30 年代侯宝林大师第一次用流行歌讽刺贫富不均，促进相声的新生；1961 年中国队在第 26 届世界乒乓球锦标赛中获得男团冠军，马季先生和李文华先生表演了《三比零》，用相声记录了中华民族共享的荣誉。

不过现在再播放三十年前的《虎口遐想》，已经有相当一部分人听不懂了。三十年前的生活符号，早已随着时间流逝在历史长河中。这恰恰说明，社会在进步的同时，也为相声提供了源源不断的创作动力和源泉。作为曲艺工作者，要始终与时代并肩而行。

记者：如今的相声创作中，又有哪些新的变化？

姜昆：今天，正经的相声似乎不太受欢迎，无厘头的相声创作反而越来越多。三十年前，正统内容太多，社会呼唤娱乐精神；而现在，观众每天面临的生活压力太大，他们需要在剧场里放松，而不是在业余时间还玩命地"动脑筋"，所以一些相声为了迎合观众写出很多无厘头的段子。可是在我看来，相声不能在娱乐成为一种文化精神的时候失去自我的传统。

有了讽刺，相声才有灵魂。相声的讽刺功能不应被弱化。通过剖析一些消极的社会现象，夸张其中不合理的部分，使观众发笑，最终以一种轻松的状态实现针砭时弊的严肃功能。很多优秀的传统相声都把讽刺发挥得淋漓尽致。在社会发展过程中，一个民族的自信，一个社会的自信，就体现在能不能自省，能不能通过讽刺来查找自身的弊病。这是一个民族自信的表现。所以，时代在进步，但讽刺的功能依然是相声最基本的功能之一，它能够充分激活相声的蓬勃生命力。

记者：您认为传统相声能够为时下创作新相声提供哪些帮助？

姜昆：传统相声是一座蕴含巨大精神资源的富矿。如果离开传统，只讲创新，会因为传统基础不足而在创新过程当中遇到瓶颈，难以实现突破。比方说，每一个相声作品都要经过上百场的反复实践、"台上撞"，但这仅仅是量变的过程。能否实现质变、打磨出经典作品，取决于相声演员的文化底蕴。

我常常要求年轻相声演员不会 50 段、100 段传统相声时先别着急动手创作，要从传统相声中汲取营养和精华。从解放前的《关公战秦琼》《三棒鼓》到新中国成立以来的《帽子工厂》《如此照相》等，创作者需要反复听，反复看，摸索经典作品中如何一步步"垫话"、"入活儿"、抖"包袱"，在传统基础上进行创作，才能有"更上一层楼"的效果。

记者：相声在追求时新的同时不应当完全抛弃传统相声。

姜昆：是的，我在谈《新虎口遐想》的时候曾经说过，创作也是一种回归，拿起创作的笔，找一种回家的感觉，这种感觉就是为相声创新铺设一条回归传统的道路。在传统基础上的创新，才是一种长足发展的创新。随着改革开放不断深入，和外国文化接触越来越多，相声创作容易迷失自我、迷失方向。而传统和创新如同相声的两个轮子，必须同时滚动，民间传统艺术才能平稳前行。特别是在对外传播的舞台上，曲艺作为国粹，必然要担负起讲好中国故事、传播中国声音、弘扬中国价值的庄严使命。

记者：相声随着时代不断前进的同时，什么是不变的？

姜昆：不变的是相声创作始终走在写实的道路上。虽然使用荒诞、夸张的手法，但依旧反映真实的生活，而非凭空臆测、空中楼阁。相声创作和表演始终需要演员贴近实际、贴近生活、贴近群众。在荒诞的事件、夸张的表演当中，藏有真实的社会现象，这样才能让观众在捧腹大笑的同时，多一分真实，多一分感悟。

在提笔创作《新虎口遐想》时，环境污染、食品安全、腐败风气等现实问题扑面而来。一句"平常没事的时候，骚扰电话一个接一个，关键时刻没信号了"逗得大家哈哈大笑，因为这是所有人共同面临的困扰。我们利用幽默的手法反映现实问题，让大家感受到艺术作品就是生活当中的一部分。写实手法的背后，其实是以人民为中心进行创作，人民性是始终没有改变的。

记者：回归人民，回归真实。习近平总书记也曾说过，人民需要艺术，艺术也需要人民。这么多年您一直致力于送欢乐下基层，在这个过程中您有怎样的感悟？

姜昆：老演员如何找到生存价值？就是到群众中去。当我们走上舞台，台下成千上万的观众响起雷鸣般的掌声时，每一个文艺工作者都找到了存在的价值。老百姓的认可就是对曲艺工作者最好的奖励。想让观众认可你、认可你的作品，就必须跟老百姓面对面、心连心，把最能引起共鸣的内容反映在作品当中，把艺术与老百姓的天然联系落实到行动上。坚持以人民为中心的创作导向，坚持到第一线去服务，这是文艺的生命线。和观众面对面的演出，相比在电视上演出，更过瘾，因为演员能够真切感受到观众的愉悦，会更有成就感。

记者：近年来，中国文艺志愿者协会开展"到人民中去"文艺扶贫志愿服务主题活动，作为协会主席，您对于文艺志愿服务持怎样的看法？

姜昆：我是曲艺人，更是文艺志愿者。我们进军营、入厂矿、深入山区、慰问灾区，目的就是希望社会能够感受到文化艺术工作者的正能量，让文艺志愿服务在整个社会蔚然成风。作为一名志愿者，我由衷地感到骄傲。越是交通困难、生活艰苦、老百姓没有机会看演出的地方，我们演出的动力越强、干劲越大。要把艺术与老百姓的天然联系落实到行动上。

不仅如此，让我倍感欣慰的是，志愿服务队伍中有很多年轻人的身影，比如来自《中国好声音》节目的青年歌手平安。他用大量时间在基层、老少边穷地区义务教课，培养孩子们对音乐的感受和认知。这是一批非常优秀的年轻志愿者，他们是中国文化艺术界的未来，也是青年一代的骄傲。

记者：传统曲艺不仅回归民间，而且远播海外。近些年您始终坚持推动相声走出去，走进剑桥大学、牛津大学讲曲艺，在这个过程中您有哪些感受？

姜昆：我在英国剑桥、牛津大学、美国耶鲁大学等做过关于中国曲艺的专题讲座。通过介绍说唱艺术的产生历史与文化传承，不仅加强外国人对中国优秀文化的认识和理解，同时也体现出我们对本国传统文化的高度文化自信。

与国外对话时我们要坚定信心，充分肯定我国传统文化价值。

在长期对外交流过程中，我发现相当一部分外国人不了解中国文化，他们接触的是戴着有色眼镜看中国的片面报道。因此我的责任是搭起国家与国家、人民与人民、心与心之间的桥梁。

与此同时，海外交流也增加了我对外国喜剧演员的了解，并希望能将他们介绍给国人。因为喜剧是人类共同的财富，各国喜剧艺术家所创造的欢乐应当为全世界所共享。我希望通过文化交流将中国的欢笑播向世界，将世界的欢乐引进中国。

"我为相声而生，也将为相声永远奋斗"

记者：改革开放为相声创作带来了很多生机与活力，您觉得改革开放对中国相声带来了哪些影响？

姜昆：感谢这个时代赋予我们在相声领域中大显身手的环境和动力。没有改革开放，就没有相声的今天，也没有我的今天。

在改革开放的环境中，相声不仅仅愉悦了生活，还能发挥引领社会风气的作用。针砭时弊、倡导新风，相声为社会发展做出了切实贡献。《诗歌与爱情》宣扬了正确的恋爱观，《万能胶》讽刺社会上的不正之风……改革开放的环境为相声注入了不竭的动力，也让相声能够在社会进步的过程中发挥积极作用。改革开放为相声提供了崭新的舞台和重要的使命。在实现中华民族伟大复兴的征程中，曲艺从未缺席，始终在场，留下令人瞩目的身影。

记者：您去年出版的《虎口遐想三十年》中，冯骥才老师提到您靠的是"异想天开的创造性、对生活的敏感、天生的幽默感、锐意的批评，如果再往深处说，就是对社会的责任感"。听到冯先生的评价，您怎么看？

姜昆：我并不像冯骥才老师所说的那样厚重。我只是作为相声界中的一分子，做了应该做的工作。但是我还是有一份责任感的。

我努力在相声领域，乃至在整个文化行业当中，树一身正气，吹一股清风。

我这一辈子就是为相声而生的。所以，相声事业是我自己一生当中唯一的事业。我为相声而生，我也将为相声永远奋斗。因为我有坚定的信心——只要我能干，就要为相声贡献出自己的力量。

记者：改革开放以来的四十年，是我国曲艺事业全面发展并取得辉煌成就的四十年，也是发展不尽平衡、存在诸多缺憾的四十年。在您看来，改革开放四十年以来我国曲艺事业取得最大的成就是什么？而最大的遗憾又是什么呢？

姜昆：在文艺座谈会上，习近平总书记讲到，创作是我们的中心任务，作品是我们的立身之本。现在是相声的好时代，我很高兴看到一个个人民喜闻乐见的相声作品诞生在我们手中，这是我们所取得的成就。从改革开放到现在，一批立得住、传得开、留得下的优秀作品应运而生。

但遗憾的是，现在的相声队伍规模与社会需求太不相称。全国相声演员加在一起最多两三千人。这对于社会而言太少了，而且整个队伍的文化素质、表演素质参差不齐。如果相声队伍能够扩充到两三万人，才能满足全国人民对于相声数量和质量的需求，才能对得起全国人民。

记者：在未来，中国相声如何更进一步？

姜昆：在队伍建设上，中国曲协在 2015 年出台了《中国曲艺工作者行为守则》和配套实施办法，这是新中国曲艺发展历程中的首个职业行为守则。它的出台与实行将进一步增强广大曲艺工作者的文化自信与文化自觉。

同时，中国曲艺家协会正在努力培养年轻人。我们运用历史经验开办培训班、创作班、训练班，通过创造学习和交流机会，让相声创作者从喧嚣的世界中一点点静下心来，从而为相声创作积累更多力量，产出更多作品。用自身的实际行动，不断满足人民群众对美好生活的需要，做好"红色文艺轻骑兵"，这是我们相声演员的责任与担当。

※ 人民网采访姜昆视频

"50后"姜昆：我的成功秘诀就是"不闲着"

此刻的姜昆，坐在讲台上，身穿一件蓝白条纹 T 恤，正激情满满地给全国青年曲艺创作班的 30 名学员开讲"曲艺的创作和表演"，虽然前一天刚从新加坡曲艺节赶回来，看起来却精气神十足，讲课中不时带些"包袱"，听得这些年轻相声创作者们不时频频点头，哈哈大笑。

讲课两点开始，姜昆一点多就到了，一对一地帮这些相声新秀们打磨作品：

——"你在背熟 50 段传统相声之前，不要动笔写相声。要深入生活，把最打动你的东西写出来。"

——"说好相声，不仅要有站位、有品位，还得有韵味。"

姜昆很忙，约他实在不易。68 岁的他仍坚持"送欢乐下基层"，每年要完成五六十场公益演出，近年来，他又开启了《姜昆"说"相声》专场巡演。

等到讲课结束，我们随着姜昆来到预先定好的会议室，他上卫生间擦了把脸，很快回来，坐在沙发上腰杆倍儿直，笑容明朗，目光炯炯，一个小时的采访，十多个问题，思维敏捷，语速极快。

提及改革开放四十年间相声的发展，人们很自然就会想到 1979 年姜昆和搭档李文华的经典之作《如此照相》。正是这段十分半钟的相声，让当年 29 岁的姜昆一炮走红。

※ 相声表演艺术家姜昆给人民网网友写寄语

"这部作品在当时可以说是脱颖而出，"姜昆神采奕奕地说，思绪也一下回到了四十年前，"它以现实为题材，大胆地用语录做包袱，揭示了人民对于极左思潮的厌恶和批判，将曾经的苦难和荒唐通过这些作品化为会心的笑声，引领了曲艺的新风尚。"

在此之后，姜昆又创作了《虎口遐想》《时间与青春》等一批反映时代精神的精品力作。在他看来，不管是《如此照相》，还是《虎口遐想》，这一个个相声作品之所以能大获成功，"正是用曲艺独特的艺术表现方式，用讽刺、幽默愉悦百姓，用欢笑的方式记录时代，才会收获四两拨千斤的效果。"

访谈中，传统与创新始终是姜昆提及最多的词。"我们相声的发展，就得靠两个轮子，一个是传统，一个是创新。这两个轮子必须同时滚动，在传承中探索相声新魅力，在创新中演绎中国式幽默，在继承传统的基础上创新，继承是基础，创新是关键。"

访谈完，姜昆特意送给我一本书——去年他新出的《虎口遐想三十年》。序言中，好友冯骥才这样评价姜昆："靠的可不是他的名气，靠的是异想天开的创造性、对生活的敏感、天生的幽默感、锐意的批评，再往深处说，就是对社会的责任感。三十年前如此，今天更如此。"

那么，在姜昆自己看来，他成功的秘诀又是什么呢？姜昆笑着回答说：我想就是三个字——"不闲着"。

"老干活就行。昨天因为北京大雨，在机场困了八个小时，才赶回北京。今天又赶到培训班讲课，讲完课以后，接受你的采访，所以用'不闲着'证明自己还行。"

尽管工作生活各地奔忙，朋友圈里仍能时常看到姜昆分享的美文美景、经典名曲，还有在各地演出的图集，虽已年过六旬，闲暇时间却喜欢写打油诗、练书法、弹钢琴、跳街舞……这位爱好多多的"文艺潮男"，对生活总是充满好奇，似乎比年轻人还"潮"。

我们问他，回顾四十余年艺术生涯，相声对他来说，意味着什么？

"我这辈子可能就是为相声而生的，给大伙儿说相声，是我的职业，更是我的理想。只要我自己能干，我就要为相声贡献出自己的力量。"语气平和而坚定。

写这篇手记的时候，我给姜昆老师发了条微信，想问问《姜昆"说"相声》至今巡演了多少场。十分钟后，他发来了一段长长的话：

"到九月底85场，今年年底100场，这是每年完成五六十场公益

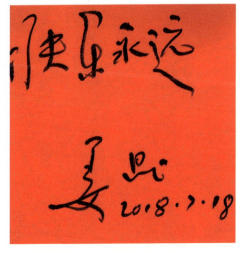

※ 相声表演艺术家姜昆给人民网网友写的寄语

※ 姜昆与记者黄维合影

演出和二三十场商业演出的情况下完成的。我觉得，这是一个回忆时代欢乐的晚会，这是一个记叙相声传承为中国老百姓不断创造笑声的晚会。这场相声秀要告诉观众，他们从坐进剧场起，就似乎看到了相声反映时代的痕迹；看到了相声艺术的传承与历史；看到了全场充满正能量的笑声；而且会让你发现：相声原来可以这样演！"

四十年来，姜昆用欢笑的方式记录时代，成功演绎了相声的传承与创新。我想，正是因为他永远兴致勃勃地站在生活的第一线，保持着鲜活的生活感觉，生活也才成为他艺术的生命力。

刘兰芳：
一人一桌一折扇　万语千言四十年

　　刘兰芳，评书表演艺术家。1944 年出生，现任中国文联荣誉委员、中国曲协名誉主席。20 世纪 70 年代末以来，先后整理、改编并演播了《岳飞传》《杨家将》《白牡丹》等脍炙人口的长篇评书，深受群众喜爱，其中《岳飞传》曾被 100 多家电台播放，轰动全国。

"谁敢横刀立马，唯我工农红军……"刘兰芳在介绍她新近创作的长书《彭大将军》时，即兴表演了其中一小段。短短几句台词，便让记者听得入了神。刘兰芳声韵中透出的那股铿锵抑扬之美一如往昔，仿佛回到了四十年前，那个通过无线电将《岳飞传》传播到千家万户的年代。

从四十年前风靡全国的《岳飞传》，到如今的"道德模范故事汇"巡回演出，刘兰芳携其评书表演与改革开放一同前行。万语千言中，"话说……"的是脍炙人口的人物故事，推崇的是代代相传的民族精神。在改革开放四十年之际，记者专访著名评书表演艺术家刘兰芳——同样是一人、一桌、一折扇，这次刘兰芳要向我们讲述的，是自己与评书艺术、与改革开放一同走过的四十载悠悠岁月。

一鸣惊人 "岳飞"一说四十年

记者：1979 年，长篇评书《岳飞传》在全国近百家电台播出，一时间风靡全国，影响了一代又一代的国人。为什么会选择用评书的形式来讲述民族英雄岳飞的故事呢？

刘兰芳：小的时候，我妈妈就给我讲岳飞的故事，讲岳母"细

※ 著名评书表演艺术家刘兰芳在家中练习播讲的评书

沙当纸、柳枝当笔"教岳飞识字，还有岳母刺字、精忠报国等故事。16 岁那年，我跑到茶社去听《岳飞传》，说书的先生是当时鞍山市曲艺团书曲队队长杨呈田。杨队长看我听得认真，就把我招到了鞍山曲艺团。

　　到了鞍山，杨队长在给我上课时，教的就是《岳飞传》。之后又经历了三年的学习，我登台演出，在茶馆演说的还是《岳飞传》，这是我的"底活"，也是给我"开蒙"的评书。岳飞在家是孝子，为国是忠臣——观众非常喜欢岳飞的故事，我个人也很喜欢。

　　1972 年，我在电台录革命故事的时候，有同志希望我能录一部传统长书，我就想到了《岳飞传》，但当时我创作的《岳飞传》的手稿已经被当成是"四旧"砸了。后来，有人在图书馆的废墟里找到了钱彩的《精忠说岳》并将其赠给了我，我便以此为蓝本，根据回忆把 1979 年的那版《岳飞传》创作出来了。

记者：《岳飞传》的创作过程并不是一帆风顺的，正因为您和您的先生夜以继日地创作，才有了家喻户晓的《岳飞传》。现在回想起那段时光，您最难忘的是什么？

刘兰芳：在创作的时候遇到了不少困难。最难的就是信息的获取、资料的查找，时代不同，现在但凡缺什么资料，在网络上都能查到。虽然当时我有原著《精忠说岳》，但这本书局限性太大，必须进行删改增补；创作的环境也不好，家里的房子只有十几平方米，过道既是厨房也是书房。尽管条件十分有限，但那时候并没有感觉辛苦，相反，自己的内心里有着一股昂扬向上的拼劲儿。

那段时间我每天晚上都在写评书，上半夜我在创作，后半夜就把我先生叫起来帮忙修改。五六点钟我再起床背诵几遍，上午就去电台录音，一天要录制两三段，大概需要四五个小时。回想起来那段时间确实不容易，要写好评书必须字斟句酌、反复修改，有时候对作品不满意，气得直哭，甚至撕了重写。其实各行各业都一样，想要有成绩绝非一日之功，必须要倾注心血。

记者：当年用评书的方式讲述岳飞的故事对推动爱国主义教育起了很大作用。如今您将全国道德模范的故事改成了评书，并开展"道德模范故事汇"全国巡演。您觉得在当下普及社会主义核心价值观、弘扬中华民族传统美德是不是也应该更多地采取讲故事的形式？

刘兰芳：中国的历史就是由一个个故事构成的，朝代更迭，一讲都是一个个的故事，这是中华文化的瑰宝。岳飞精忠报国、孝敬父母、和睦邻里，他的这些精神放在现代社会依然值得提倡——无论是"小家"还是"大家"，如果人人都能有岳飞的精神，我们的社会就能安定和谐。

2007 年评全国道德模范的时候，中宣部有同志向我提议将道德模范的故事改编成评书。我就和先生一起，把他们的故事改编成了百余集的评书。道德模范的故事与我所秉持的通过评书宣传正能量的理念是一致的，"尊师重教""尊老爱幼"，包括岳飞的"精忠报国"……用生动形象的语言和充满趣味的故事，宣扬正能量、净化社会风气，这是当代评书人的责任与担当。

记者：在对全国道德模范的故事进行改编的时候，哪位人物的故事让您印象比较深刻？

刘兰芳：在表演的时候，我深深沉浸在道德模范的感人事迹中，并为他们的奉献精神所感召，决心以他们为楷模。他们的精神激励着我们文艺工作者，要为人民群众带去更多更好的节目。

最近一届的"核潜艇之父"黄旭华的故事让我非常感动。他隐姓埋名，用了 30 年的光阴研制出了核潜艇。当时我们中国人对"核潜艇"知之甚少，也没有每秒钟运算几亿次的大型计算机。但黄旭华带领着科研团队自力更生、白手起家，最终攻克难关。我觉得应该把他的故事讲出来，用以教育当代的年轻人，让观众铭记他为国家做的贡献。

改革开放　评书发展正逢时

记者：改革开放四十年来，社会不断向前发展，您创作的评书内容也从历史人物扩展到当代的全国道德模范。这四十年给您的艺术创作带来哪些灵感？

刘兰芳：时代不同，我们的作品也不一样。如今可供现代人选择的娱乐方式多了，评书的观众听众虽然有所减少，但仍然有不少人会在电台电视上看评书表演，网络上也有很多人喜欢听评书，原因就在于我们评书有了新的语言和新的内容。

老艺人在评书创作时会引经据典，我们一看就知道这本写的是清朝的故事，那本说的是民国的经历。因此，我们在创作评书的时候，要有鲜明的时代特色，多创作一些现代的书，新书和现代人的距离更近。通过新故事、新人物，能让现代人铭记中国当代的英雄楷模。当然，历史是不能忘记的，我们之所以能有今天的幸福生活，是我们勤劳勇敢的中华儿女不畏艰苦、奉献自己的智慧和青春取得的。历史上的经验教训，我们也应该讲给现代人听。在讲历史故事的时候，语言要有新的精神，老书新说，旧书新评，才能起到寓教于乐的效果。

记者：您认为改革开放给评书这门古老的曲艺带来了哪些影响？

刘兰芳：改革开放这四十年，评书发生了翻天覆地的变化。《岳飞传》大受欢迎之后，评书在上百种曲艺形式中脱颖而出，全国各地形成了说书热听书热。出版业的勃兴又进一步推动了评书的发展，让评书越来越受到老百姓的喜爱——这一切都要归功于改革开放。没有这四十年的改革开放，绝对没有我们评书的今天。

然而，我们做得还很不够。改革开放四十年来，文艺的百花园姹紫嫣红，我们评书的热度已不能与当时同日而语。但随着媒介的发展，现在出现了网络评书，在网上听评书的人日益增多，我的《岳飞传》在网上的收听量破了一亿；另外，我了解到现在有许多家长也会让孩子听评书，既能让孩子放下手机，又能通过评书里讲的故事陶冶孩子的性情。这都鼓励着我们要更好地把评书艺术传承下去，把这一门古老的民间艺术发扬光大。要说好书、说好英雄人物，无论是历史的还是现代的，我希望把他们的精神与品德贯穿在节目里，寓教于乐，使听书者在笑声中获得启迪与思考。

记者：评书的内容随着时代的发展也日渐丰富，对说书人提出了更高的要求。您觉得评书这些年来的发展对说书人带来了哪些机遇和挑战？

刘兰芳：机遇和挑战是并存的。作为一名说书人，只要能拿出好的作品，就能获得很多演出机会，因为热爱评书的人仍有很多。但现代人的休闲娱乐方式多了，手机一拿，席地一坐，全世界的新闻尽收眼底。让人们放下手机，牺牲两个小时听你讲评书，如果他听完后认为这两个小时过得值，那就是成功了。挑战便在于此——老百姓的欣赏水平逐日提高，评书人要有真才实学，无论是表演还是创作，都应该保持高水准，这样才能抓住时代给予的机遇。

记者：您认为什么样的作品才称得上高水准？

刘兰芳：高水准的作品应该是既有思想性，又兼顾趣味性，要寓教于乐。无论是评书、戏曲或者其他曲艺形式，要宣扬真善美、传播正能量，决不能哗众取宠、流于庸俗。

当然，光把正能量讲得头头是道也不行，作品必须有一定的观赏性和艺术性，这有待于艺术家们提高自己的创作和表演水平。练好手眼身法步，融合时代元素，这门语言艺术才能真正说到老百姓的心坎儿里。

我创作、改编、演出的很多作品，都特别重视体现民族精神、传统美德，故事本身也悬念不断、引人入胜，老百姓爱听，听完之后又能得到启发。我想，正是因为做到了这一点，我的评书才广受大家的欢迎。

记者：我们知道您有一个外号叫"全国粮票"，能和我们分享一下这个外号的由来吗？

刘兰芳：这个外号是老百姓给我取的，不同的方言都可以讲评书，而我讲的是北京评书，无论到哪儿演出观众都能听懂，老百姓就给我取了这个外号。每到一地，观众的厚爱都让我倍感欣慰。我刚开始正式表演的时候走遍了祖国大地，而且不是一个地方蜻蜓点水演一场就走了，我曾经九下河南，十下山东。当时正值《岳飞传》风靡全国，我在安徽一个省就演了 35 天，每天演出两个小时。在凤阳县梅村的时候，我一进村，就听到鞭炮齐鸣，许多人挑着比我个子还高的锣，一边打，一边唱。虽然我当时还听不懂当地的方言，但是有一句我听懂了——"盼星星，盼月亮，盼来了刘兰芳"。盼我干吗来了？说书来了。让我感动得眼泪哗哗直淌。

今年正月十三，我还去了有着七百多年历史的"马街书会"。天气虽然寒冷，地面上还结着冰，但观众的热情却不打折扣，我在舞台上往下看，人头攒动，让我非常感动。我一定在有生之年尽我绵薄之力，更好地为观众服务。

记者：习近平总书记曾说："文艺创作方法有一百条、一千条，但最根本、最关键、最牢靠的办法是扎根人民、扎根生活。"您觉得扎根人民给您的艺术生涯带来了哪些感悟？

刘兰芳：参加 2014 年 10 月 15 日的文艺工作座谈会，是我五十多年艺术生涯中一件无比重要的大事。这次文艺工作座谈会对我而言，无论是人生道路还是艺术道路，都是一个崭新的开始。总书记讲话中的"文艺创作方法有一百条、一千条，但最根本、最关键、最牢靠的办法是扎根人民、扎根生活"，这句话让我有着极大的共鸣。我们的文化艺术越到基层越受欢迎、观众越多。我们文艺工作者需要走下去，在人民群众当中扎根，这样才能够有生气，才能够将我们的文化艺术发扬光大。

作为文艺工作者，要从人民中汲取营养，永远为人民服务。到基层演出能让人感到真实、亲切。在文艺工作座谈会结束的第二天，我赶往安徽宿州参加中国文联文艺志愿者牵手留守儿童的义演；几天后又赴河南宝丰马街书会，为基层文艺工作者进行示范演出。我希望用自己的实际行动，来回答习近平总书记在文艺座谈会上提出的"文艺为什么人"的时代命题。

不舍观众　鞠躬尽瘁为传承

记者：您今年已经74岁了，仍保持着很大的工作量，既要录书，还要下基层演出。是怎样的信念支撑着您继续前行？

刘兰芳：首先，我觉得评书确实是一门学起来非常困难的曲艺，我在初学阶段也吃了不少苦。我认为，评书应该是"学到老说到老"，我还要继续研究评书的艺术和它的精华，把评书传承下去，通过评书给世人、给社会做更多的贡献。

其次，我舍不得观众，观众的热情依旧激励着我前行。我岁数大了，每次演出结束都搞到非常疲累。但我只要一站上舞台，观众的掌声、笑声就鼓舞着我，让我觉得自己还年轻。不管台下是几千人或者是几万人，观众的掌声就是给我的最高奖赏。只要身体允许，我就还想继续为大家表演。

记者：您从小时候就开始学习评书，然后将评书当成了自己的事业。您觉得评书艺术给自己的人生带来了什么影响？

刘兰芳：说书给予我最大的影响是让我心怀感恩。我要感恩社会，感恩国家。我作为说书人，能做的就是到基层为老百姓演出，用自己的作品和表演来回报老百姓对我的热爱。

虽然我有点说书的本事，但如果没有改革开放社会发展、没有党和国家对文艺工作者的重视、没有人民对我的厚爱，我也不会取得现在的成就。周总理把文艺工作者叫做人类灵魂的工程师，我要对得起这个名字。文艺工作者应该永远为人民服务、为社会服务，创作更多正能量的好作品。我们也许只是社会里的沧海一粟，但是如果能做到为国家、为人民做些贡献，就不枉为人的一生。

记者：您刚才也提到，希望能够培养更多的年轻人投身到评书这门传统的曲艺中去。您觉得评书该怎样才能吸引年轻一代的关注和热爱呢？

刘兰芳：年轻人喜欢评书，是因为评书的语言很俏皮，南方叫"噱头"，北方叫"包袱"，在讲故事的过程中要时不时地抖一些包袱，让年轻人觉得有趣，自然就会喜欢。说到底，我们说书的内容要为现代人服务，才能吸引听众。

跟先辈比，我们现代的评书已经有了一些创新，而且舞台上的形式也有所改革，很多时候不方便，醒木和桌子都没有了，站着就可以说。更主要的是内容和语言的革新，老书新说，旧书新评。我们要适应年轻人的需求，让他们理解并喜欢我们的传统艺术，这样才能让传统的民间艺术焕发青春。无论是"80后""90后"，甚至"00后"，他们喜欢的网络语言，我们也会选择性地用一些。好比一方水土养育一方人，今天的语言更适合今天的观众。

记者：在当下移动互联网时代，听评书的人其实没有减少，只是收听的方式不同了。您觉得在新的时代背景下，评书艺术该如何更好地传承下去？

刘兰芳：评书的传承很难，很多观众以为演员在台上说了15分钟就叫评书，比如"温酒斩华雄""岳飞战吴珠"等等，这些是单段，学起来容易。真正的评书是长书，少则三五十万字，多则逾百万字，能每天讲两个小时，讲一年都不换书。

在多种娱乐方式的冲击之下，这些年来听传统评书的人也少了。学习评书是一个长期系统的过程，会耗费很大的精力和财力，而且学成之后也不能确定可以找到好的工作，很多对评书有热情的年轻人因此而无奈放弃。所以我希望国家能在政策上给予学习评书的年轻人一些鼓励，能让他们安下心来将评书艺术学透、学精，将评书发扬光大。

　　当然，近两年评书发展的势头整体还是非常好的，北京卫视的《北京评书大会》将评书重新带回到了电视荧屏，网络的发展也让越来越多的年轻人喜欢听书、说书。在此我也借记者这一平台向社会呼吁，希望更多的人能关注评书、热爱评书，让评书这门古老的民间曲艺能够在新时代焕发光彩。

※ 人民网采访刘兰芳视频

74岁刘兰芳："60年说书人生没讲够，
最舍不得我的观众！"

连日的大雨为京城洗去了夏的酷热。就在这样一个凉爽的夏日午后，我们来到了位于北三环中路的中国文联宿舍——一栋九十年代的塔楼，探访著名评书艺术家刘兰芳。

刚出电梯我们正愁找不到呢，远远望去，楼道里有扇门已半开着，走近一看，门上贴着个用毛笔写的"刘"字，刚一敲门，刘兰芳的老伴王印权先生已出来迎接。

熟悉的朋友都知道，刘兰芳的丈夫王印权是一个很有才华的快板书演奏家，也是著名的曲艺编剧，在刘兰芳的50多部评书作品中，每一部都有他的参与和心血。当年鞍山广播电台找到刘兰芳录制评书，正是王印权建议她演播《岳飞传》，并共同完成了演播合本。

刘老师的家不大，却十分温馨。一张布艺沙发，素雅而文艺；几盆绿植自带清香，开得正好；两张靠墙放置的书桌，上面堆满了各种书籍和修改的手稿；客厅里挂着的几张珍贵照片向来访者述说这位评书大家的辉煌人生：上面最大的一幅是1987年秋在山东惠民胡集书会上，刘兰芳在台上投入地讲着《岳飞传》，台下人头攒动，黑压压一片望不到边，方圆百里乡亲蜂拥而来、席地而坐，聚精会神地听着，还有的实在没地儿站，只好爬到房顶上站着听；另

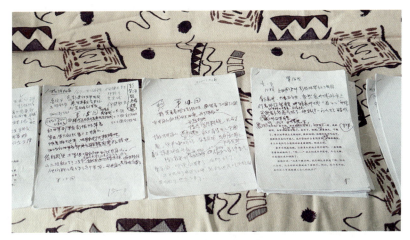

※ 刘兰芳手稿

一幅是2014年文艺工作座谈会结束后，习近平总书记与刘兰芳握手亲切交谈的瞬间。

若不是亲眼所见桌上日历表密密麻麻的日程安排，很难想象这是一位74岁老人的日常生活：

早上6点起床，快速将一遍上午要播讲的评书章节，7点出发去电合，为节省时间，早饭就在车上吃两口，8点半准时录制，录到中午12点。1点赶到家，简单午饭后开始准备第二天要播讲的3万字内容，第一遍通读，第二遍修改，第三遍润色，这样反复三遍，近十万字的工作量，直到夜里12点才能完工。

"我们几乎谢绝了所有采访，实在是没时间。"王印权老师边给我们沏茶边说。为纪念彭德怀将军诞辰120周年，刘兰芳正赶着录制60集评书《彭大将军》，已经录完30集，要赶在10月底前播出。所有讲稿都必须经她本人逐字逐句地修改，因此工作量特别大。除了录制评书，刘兰芳还要下基层演出，"昨天刚从菏泽演出回来，今天又接着录制。"

因为上午录制了四个小时的节目，刘老师看起来有些累，嗓子也有点哑，为了我们的采访，她特意换了件孔雀蓝的短袖西服，化好妆后，似乎又想起来什么，拿起手机让楼下的水果店送个好西瓜上来。

一说起最爱的评书，刘兰芳一扫疲倦，立刻目光炯炯。上世纪70年代评书《岳飞传》轰动全国，也让刘兰芳的名字随着《岳飞传》飞向了全中国。因为她说的是北京评书，没有方言障碍，走到哪大伙儿都能听明白，几乎走遍全国，因而得了个绰号——"全国粮票"。

往事如烟，却历历在目。

"河南平顶山市的马街书会，30多年我共去了16次。每年正月十三这一天，尽管四地里都是冰碴儿，上万名乡亲仍顶风雪，冒严寒，从四面八方汇聚马街，人潮叠涌，乡亲们一听就是俩小时。有次演出完，一位大爷拉着我的手说'盼星星盼月亮盼来了刘兰芳'。那一刻，我的眼泪就下来了。"正是老百姓的这份真情，让她感动，也更坚定了她多年来为基层服务的决心。

从艺60年，刘兰芳走出鞍山、走向老山前线、走进管教所，九下河南，十下山东，田间村庄、工厂矿山、社区百姓……祖国的山山水水留下了她执着的足迹。近年来，创办"千山书荟"，开设"刘兰芳大讲堂""百姓书场""胡同评书讲堂"……她的每一步都在践行着深入生活，扎根人民，为百姓服务，传播中华优秀传统文化，传递社会正能量这一准则，这已然是她生命中须臾不能离开的神圣使命。

让刘兰芳感动的，不只是观众，还有那些书中的人物，每次讲民族英雄、道德模范、先进典型，都让她深受教育。比如"核舰艇之父"黄旭华，"大孝为忠黄旭华，隐姓埋名搞研发。"刘兰芳在学习黄旭华先进事迹后，创作播讲了评书《大孝惟忠》。

　　如今，刘兰芳担任着中国曲协名誉主席的职务。大家不知道的是，她还有个不挣工资的兼职——北京市朝阳区麦子店街道文联主席。对于这个"芝麻官"，刘兰芳欣然接受，"只要他们需要我，我就去街道给大伙演几场。"

　　因为我们的采访，刘老师整个下午一个字都没来得及看，王印权很心疼，"今天夜里不知道几点才能睡了。"但就这样，刘老师还是耐心地接受了我们两个多小时的采访，录ID、补拍画面，满足我们所有的拍摄需求。

　　不知不觉已过5点，刘老师赶忙拿起书稿和笔，走进书房埋头创作，过了一会又回过身叮嘱我们："大伙辛苦，我就不送了，一定把西瓜吃完再走！"

　　我们很好奇地问她，这么大年纪，还依然在创作录书、一线演出，这么做为什么？

　　"舍不得我的观众！虽然也累也乏，但只要听到观众的笑声、掌声，就让我觉得依然年轻，就冲观众的这份情，只要身体撑得住，就要多说书、说好书、说新书！"

莫言：
在世界文学中融入中国故事

　　莫言，作家。1955 年出生，现任中国作家协会副主席。代表作品：《红高粱家族》《檀香刑》《丰乳肥臀》《生死疲劳》《蛙》。中篇小说《红高粱家族》获全国中篇小说奖。2011年 8 月，长篇小说《蛙》获得第八届茅盾文学奖。2012 年 10 月，获得诺贝尔文学奖。

夏日清晨的北京师范大学校园焕发着蓬勃朝气。在国际写作中心的大厅，莫言从茶水间走出来，手里提着一把玻璃茶壶，看见提前到达的记者，他微笑着打了招呼："你们先坐，我还有一小时的写作，我们九点准时开始。"然后走进办公室，轻轻关上了门。

没有踌躇满志的神情，没有前呼后拥的排场，莫言的脸上始终带着宠辱不惊的淡然。这种平静甚至让人一瞬间忘记了他的光环——第一位获得诺贝尔文学奖的中国作家。

从 1985 年《白狗秋千架》开始，莫言高举起了"高密东北乡"的大旗，如同草莽英雄现世，创建了自己的文学王国，最终成为第一位问鼎诺贝尔文学奖的中国作家，将中国文学推向世界瞩目的舞台中央。在改革开放四十年之际，记者专访莫言，回顾中国文学走过的四十载峥嵘岁月，品读中国作家笔下的新时代改革荣光。

"感动过我的中国故事，我也希望感动所有读者"

记者：在诺贝尔文学奖颁奖典礼上，您当时作了一篇 8 分钟的演讲——讲故事的人。您认为，如何用文学的方式来讲好中国故事，赢得世界的认可？

莫言：我作为一个中国作家，讲故事实际上是在讲述中国人民、中国历史、中国生活。在中国历史、中国生活中发生过的、感动过我的故事，我也希望能感动所有的读者。这个故事是我、我的家人们、我的乡亲们的亲身经历与个人经验所成的故事，或是我在个人经验和他人故事的基础上想象出来的故事。这些故事根源都是中国的历史生活和当代生活。而当代生活也不是从天上掉下来的，是中国的历史生活的延续。我要做的，是将这些人的品质公之于众。因为这些普通人身上的宝贵品质，是一个民族能够在苦难中不堕落的根本保障。

记者：有人说，当作家写了一个人，世界上就多了一个人。在您的小说中塑造了数百个鲜活的人物，比如《透明的红萝卜》里面的黑孩子，比如《蛙》小说里面的乡村医生姑姑，都给我们留下很深刻的印象。您在塑造小说人物时有什么诀窍吗？

莫言：当年汪曾祺先生曾转述了沈从文先生的话——小说要贴着人物写，用故事塑造人。如何写好人物呢？就是从细节入手，从生活取材。比如在写《透明的红萝卜》时，小黑孩晚上坐在铁匠炉边，一边拉着风箱，一边烧烤萝卜，入迷地看着铁匠炉上蓝色的火苗在神秘地跳跃。这就是取材于我的个人生活经验。而《蛙》中姑姑的形象则是借助他人的经验与自身的想象力进行创作。因为姑姑是我来到世上见到的第一个人，也是家庭中非常重要的成员，我有很多机会观察她。即使她不在我眼前的时候，我的心中也能勾画出她的影子。可以说作家的心理感受领域宽泛，在个人经验基础上对他人的想象为我们提供了无限发挥的空间。

记者：塑造小说人物的核心是什么？

莫言：小说表面上是在讲故事，实际上是对于人性的考察。日常生活中，人性所展现出的细节变化会激活作家关于小说创作的心弦，使它颤动并奏出声音，带来创作的灵感。饥饿的岁月使我体验和洞察了人性的复杂和单纯，许多年后，当我拿起笔来写作的时候，这些体验，就成了我的宝贵资源，我在着力写灵魂深处最痛的地方，因为写作的根本目的是对人性的剖析和自我救赎。

记者：福克纳笔下的"故乡"始终保持同样的风貌，而您笔下的"高密东北乡"却像一个人一样，随着时间推移不断成长变化，仿佛有生命一般，为什么有这样的区别？

莫言：国家的进步带动着每一片土地的变迁，而文学的笔正是要紧紧相随，如实记录反映这种变化。改革开放为高密带来源源不断的发展动力。站在高密的土地上，我能敏锐地捕捉时代进步的足印，听见时间前进的声音。

高密是我记忆当中最丰富的生活基地。前年我回高密时，发现我的小学同学正在马路上熟练驾驶挖掘机。一个没有文化背景的妇女竟能熟练地驾驶挖掘机在路边挖坑？这让我感到很震惊。而且这个细节让我联想到过去——在农村，60多岁的老太太的腰拱得像鱼钩一样，走路拄着拐棍，气喘吁吁。但现在，我的同学还在意气风发地工作。这就是可观可感的进步。时代一直在不断前进，生活中处处存在这样的小细节，会令人兴奋。

记者：近两年您先后发表了戏曲文学剧本《锦衣》《高粱酒》，作品形式从小说逐渐向传统戏曲转变，这中间有怎样的考虑？

莫言：之所以写戏曲，一方面是感恩家乡地方戏对我的文学创作与艺术风格形成的帮助。另一方面是对于最重要的民族文化宝库进行学习、继承和发扬。中国文学史、文化史离不开戏曲。它曾是老百姓学习历史、培育道德的最重要的课堂和教材。戏曲作为一种艺术的基本形式，是长盛不衰的。因为戏曲虽然不能让观众直接读懂角色的内心活动，但是能够通过白描表现人的最丰富的内心世界。可以说，小说和戏曲所追求的最根本的东西都是深入到人物灵魂当中。而我是在用写话剧的方式学习中国传统小说的白描手段。

茂腔是我童年时期记忆最深刻的文化生活。每年春节，一看到茂腔戏就感到欢天喜地，成为一个剧作家也是我长久以来的愿望。前天晚上我还到梅兰芳大剧院看了一场老家诸城的茂腔戏。继续写地方戏，是因为我想用自己的笔，继续为传统文化拾柴添薪，让它薪火相传，生生不息。

"每一部优秀作品中，都可以闻到改革开放奋斗者们汗水的味道"

记者：您曾在演讲中说过如果没有改革开放就不会有像您一样的作家。改革开放后，中国文学经历了黄金时期，改革开放的时代机遇给您的创作带来了哪些影响？

莫言：改革开放之后，大量西方现代派的文学被迅速译为中文。当时的我们如同饥饿的牛一下子冲进菜园子，面对着满目的青葱、白菜、萝卜、黄瓜，不知道该吃什么。美国的福克纳、海明威，拉丁美洲的马尔克斯，法国的新小说派罗布·格里耶……我一进书店就感到眼花缭乱。

在大量阅读西方文学之后，激发了我对中国文学的反思——原来外国同行们已经在用这样的方式写小说！由此唤醒了我记忆深处的许多生活。如果可以用这种方式写作，我也可以写，甚至不会比他们写得差。阅读激发了我的灵感，进而开始了一个近乎狂热的创作的过程。

记者：1981 年，您发表的第一篇小说《春夜雨霏霏》是清新浪漫的"白洋淀派"风格，后来您却以魔幻现实主义风格广为人知，是怎样的契机促成了这种转变？

莫言：1981 年我在河北保定当兵时，受到当地"白洋淀派"的影响，文章风格唯美清新，着力追求诗情画意之美。但长此以往，小说人物塑造偏单薄、雷同，缺少创造和革新。

通过大量阅读魔幻现实主义文学作家——马尔克斯、博尔赫斯等人的作品，为我的写作的脱胎换骨奠定了理论基础。他们的作品拥有让人难以忘却的丰富立体的人物形象，使我大开眼界，从而尝试用更加大胆、更加深刻的方式反映生活的真实面貌。

于是我笔下的故乡不再是理想化的乐土，而着力呈现农村生活的原生状态，甚至我会故意以变形的方式描写高密，真实而虚构、乡土而魔幻。只有这样，才能够写出具有创新意识的、既是中国的又是世界的文学。

记者：大量阅读西方文学并没有让您远离中国乡土，反而在这片土地上扎得更深了。

莫言：借鉴西方文学的同时帮助我获得了重新认识中国文学的参照体系。在比较中，我发现了东西方文学的共同性和特殊性，进而开始有意识地把目光投向了中国的民间文化和传统文化。

少年时代，当别人用眼睛阅读时，我在乡下用耳朵阅读。我聆听了许许多多的传奇故事与逸闻趣事，这些故事都与高密的自然环境、家庭历史紧密相连，使我产生强烈的现实感。因此，我决定尝试重新挖掘这片沃土，立足中国乡土的故事题材，努力使家乡成为中国的缩影，使高密的痛苦与欢乐，与全人类的痛苦与欢乐保持一致。

在西方文学的启发下，在这片土地上，我所经历的，以及我从老人们口中听过的故事，如同听到集合号令的士兵一样，从我的记忆深处层层涌现。他们正在用期盼的目光看着我，等待着我去写他们。

记者：改革开放不仅对您个人产生影响，也使得整个中国文坛重焕生机。您觉得在中国文学四十年的发展中，取得的最显著成就是什么？

莫言：改革开放是一次全面的解放，它激活了作家们前所未有的创作热情。最显著的成就是涌现一批又一批的优秀作家和作品。上世纪 80 年代，我这个年龄段的作家、老一代作家、年轻一代作家都在积极创作。大量具有新意的、令人耳目一新的作品纷纷出现，对于丰富文化生活、陶冶人们性情、提高感情质量，发挥了潜移默化的作用。

文学是关乎人心的，它的影响润物细无声，是可见可感但不可量化的。有了四十年里诸多作家的文学作品，也许感觉生活好像也没有多了什么。但文学作品就像空气一样，它存在着，我们没有感觉。当它不存在了，我们立刻感觉到它多么重要。文学艺术的作用之伟大也在这里。

记者：在您看来，你们这一代作家在中国文学的发展进程中发挥了怎样的作用？

莫言：客观来讲，我们这一茬作家所做的最重要的工作是给当代文学注入了一种普遍性和广泛性。中国文学是世界文学的重要构成部分。80 年代中期，西方读者对中国当代文学有严重的偏见。他们认为中国当代文学就是一种狭窄的、缺少普遍性的文学，而非全面地解释、揭示人性的文学。

而我们这一代作家所做的重要工作是大大加强了中国文学的普遍性，使西方的读者了解到中国文学和世界文学同质的部分。世界文学的海洋里，融入了扎根中国本土、与传统文化血脉相连的内容，融入了向红色经典致敬的内容，也融入了与西方文学相观照的内容。今天，我们可以实事求是地讲，中国当代文学在世界文学的版图上已有显著的位置。这样的成果，并不是某一位作家完成的，是我们这一代又一代的作家共同完成的。

记者：改革开放四十年来，文学始终和时代紧密呼应，可以说，文学是反映时代的一面镜子。

莫言：中国文学的宝贵品质在于始终和人民群众同呼吸、共命运。中国文学从来没有脱离过现实，永远跟现实紧密结合。我们每一部优秀作品里面，都跳动着时代的脉搏，都可以闻到在改革开放的艰苦卓绝的漫长的征程当中，创造者们、奋斗者们的汗水，汗的味道，甚至是血的味道。

文学从来不是孤立的社会现象，而是经济生活、政治生活、人民生活的一种间接的、更高层次的反映，时代在进步的同时，以反映生活为主要任务的文学创作也在不断进步，因为文学永远跟时代同步前进。即使是科幻作品，也是扎根现实的恣意想象；即使是历史作品，也是立足当下的回头观照。同时，文学与时代还应保持一个理性思考的距离。一个事件过去了，我们可以反思得长一点，这样才能看得更准确，理解得更全面，我们对生活的本质、对人的本性的揭示才能更深入、更深刻。

"好的作家应该有成为文学家的梦想"

记者：优秀的中国文学作品为世界提供了重新评价中国文学的机会，打开了中国文学走向世界的通道。

莫言：中国当代文学是世界文学的重要构成部分，也是最有影响力、最有活力的部分。中国文学的繁荣，将改变世界文学的格局。这种成就与改革开放的成果是密不可分的。由于改革开放，让我们能够同步了解西方同行们所做的工作，在比较、反思、阅读、借鉴的过程中获得对自我的客观评价，从精神层面寻找东西方之间的共鸣之处。

以我个人而言，福克纳是我未曾谋面的导师。他的小说中传递的对乡土文化的眷恋情绪，也引起了我的共鸣。而他所虚构的约克纳帕塔法县让我产生一种野心——我也要把"高密东北乡"安放在世界文学的版图上，我也要努力使"高密东北乡"故事能够打动各个国家的读者。正是当前的时代赋予我们能够在互相借鉴中不断提升自我的机遇。因此必须感谢这个时代，感谢改革开放。

记者：您的创作中如何将家乡、国家、乡土、文学这些因素串联在一起的？

莫言："高密东北乡"只是我的一个起点而已。刚开始写"高密东北乡"时主要根据个人生活经验。后来个人经验不够时，发生在全国各地甚至世界各地的故事，只要是跟人性相关的、能够打动我的，都被我吸纳到"高密东北乡"这个地方。说句充满野心的话，这个时候"高密东北乡"实际上已经变成一个世界的缩影，一个中国的缩影。

名义上写高密，实际上写中国；名义上写当代，实际上写历史。最终也是写人，写人类的一部分。在这个过程中，传统文化始终贯穿于故乡与国家、乡土与文学。因为生活中所有内容都包括了传统文化。传说故事、民间戏曲、鼓书艺人的演唱等等，这些口头文学作品，是每一个民族、每一个国家文化河流中永远流淌的重要活水源。它流动在我的每一部作品里，将家国古今紧紧连在一起。

记者：作为诺贝尔文学奖获得者，您的文字在世界文坛都非常有影响力，您如何看待这种影响力？

莫言：人们常说文艺是一座百花园，实际上文学也是一座百花园。我国文坛每隔十年会出现一代作家群体。作家一茬又一茬，一批又一批。文学百花园中百花争艳，而我的作品只是百花园里的一朵花，还不知道是香花还是臭花。

好的作家应该有一个当文学家的梦想。我希望能够在讲述故事的同时，丰富汉语的使用。鲁迅、沈从文等伟大作家的作品创造了很多独特的表现方

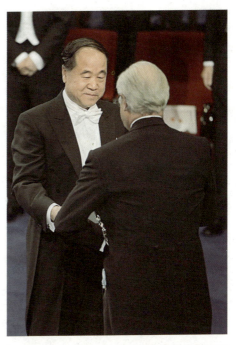

※ 2012 年 12 月 10 日，在瑞典首都斯德哥尔摩音乐厅举行的 2012 年诺贝尔奖颁奖仪式上，中国作家莫言（左）从瑞典国王卡尔十六世·古斯塔夫手中领取诺贝尔文学奖

式，甚至推动了古汉语向白话文转化的过程。在《生死疲劳》中，我大胆使用一种最自由的、最没有局限的语言来自由地表达对我内心深处的想法。因为讲述故事最终的目的是在追求汉语使用的过程中，使民族语言得到丰富。

记者：今天，随着互联网的发展，一种新的文学方式——网络文学红极一时，网络的出现对于当下中国文学的创作环境和发展现状有哪些影响？

莫言：网络文学从一开始就是文学的组成部分，它与所谓的严肃文学之间、传统文学之间没有一道不可逾越的障碍。网络文学具有独特而鲜明的风格，那种想象力，那种语言的跳跃感，那种语言

※ 莫言领取诺贝尔文学奖后展示奖章

的朝气蓬勃的力量，这都是用纸、笔写作时很难达到的。网络上一些具备高度专业知识的作品甚至可以让传统作家刮目相看。因此传统作家不能关闭自己学习的渠道，要开放所有的器官，来接触外界，吸收外界的新鲜的东西。

网络文学的出现是一个好事，这是一种群众性写作的现实，使文学变成众多爱好者并不难实现的一个梦想。当然，即使是写网络文学，也应该保有初心。文学作品是用语言写关于人的作品。因此在语言文字上精益求精，在塑造人物上强化感情。始终保持创作的自觉性。

记者：在您看来，中国文学创作在未来如何更上一层楼？

莫言：如果非要说不足的话，我觉得中国文学的想象力还有待进一步加强。我们现在不缺少和土地紧紧连在一起的能力，而是缺少一种飞离土地的能力。如果能够在一部小说中融合居高临下的全景式的镜头和局部放大的镜头，全方位紧密结合写实能力和想象能力，会使我们的文学更加大气。在小说中有的篇章是飞起来的，像苍鹰俯瞰大地；有的篇章是趴在地上的，看到的是一块泥土、一株玉米、一只蚂蚁。即使是以继承现实主义风格为主的作家，也应该使写作充满想象力。

　　当然，我们看到了很好的兆头。中国科幻文学在最近十年内在蓬勃发展，出现了刘慈欣、韩松这样获得过国际性的科幻文学大奖的作家。他们的获奖可以说明我国科幻文学已经达到了世界水平，这令人对未来的文学发展倍感期待。

※ 人民网采访莫言视频

| 记者手记 |

听莫言"讲故事"：高密东北乡
永远的文学地标

七月骄阳似火。

虽是清晨，暑气却开始蒸腾。八时刚过，莫言走进北师大莫言国际写作中心的办公室，沏上一壶茶，开始静静写作。屋外绿树摇曳，阳光透过枝叶洒下点点金光，为炎炎夏日带来一丝清凉。

不一会儿，屋里传来阵阵噼里啪啦的键盘敲击声，我们则在旁边的会客间里调光布景，轻手轻脚地做着访谈前的准备。

正当一切布置妥当，莫言也来到了会客间，穿着一件橘红蓝白相间的格子衬衣，时尚中透着几分文艺范儿。

眼前的莫言，与名字很相符，沉静温和，话语不多。

访谈前，我们简短闲聊，说起2012年的那个冬天他获诺贝尔文学奖并在瑞典文学院发表八分钟的演说，我们在北京彻夜直播报道；说起四年前他与美国"90后"青年作家桑顿的那场精彩的文学对话；也说起他与我们报社工作的老乡领导的交往点滴。他破颜一笑，距离一下拉近了。

访谈就此开始。文学与故乡的话题立刻让这位看似不善言辞的作家变得健谈起来。他静静地给我们讲述他起起伏伏的文学创作生涯。

作为一个"讲故事的人"，莫言十分感激童年那段"用耳朵阅

※ 北京师范大学国际写作中心的会客间

读"的时光：小学五年级时辍学在家，只能一个人在草地上放羊，听得最多的就是蒲松龄的神鬼故事和各种逸闻趣事。这些故事都与当地的自然环境、家族历史紧密联系在一起，使莫言产生了强烈的现实感。

回忆起这段童年生活，他感慨万分："故乡高密对我特别重要，因为那里是我的童年所在，也是我记忆中最丰富的一段生活基地。"

说完，他停顿了几秒，没有说话，随后笑了笑，"如果当年我按部就班，从小学、中学、读到大学，现在就是另一个样子了。当我后来走上文学道路的时候，感觉到这样一种获得，真是幸运。现在我如果和我的外孙女讲，爷爷像你这么大的时候在放羊，我想她会很羡慕，'我也要放羊，我也不上学了'。"讲到自己的外孙女，莫言的嘴角浮出笑容。

聊到最喜欢的作家，莫言直言，马尔克斯和福克纳这两个作家，一个是魔幻现实主义风格，一个专注于描写自己的家乡，让他

※ 莫言采访完，为人民网网友题写寄语

惊讶地发现"原来小说还可以这么写"。

他坦言，如果没有改革开放，就不会有他这样一个作家。20世纪七八十年代，漂洋过海而来的外国文学作品让他开阔了视野、激发了灵感："我最早阅读苏联的作品，像《钢铁是怎样炼成的》等红色经典的小说，慢慢地扩展到像批判现实主义如托尔斯泰、屠格涅夫等俄国作家的阅读，后来进一步扩展到了对法国的雨果、大仲马的阅读，真正接触到欧美现代派的文学还是到了1984年左右。中国的年轻作家聚在一起谈论最多的外国作家就是像马尔克斯、乔伊斯、海明威等这些作家。"

改革开放四十年，也给莫言的家乡带来巨大变化。莫言表示，故乡的变化对他的写作产生了影响："我最近发表的小说中的人物，已经跟我过去小说中的人物不一样了。当然，不可能是完全的新，是在旧的基础上发生变化的新。"

说起家乡，气氛变得轻松愉悦起来。他绘声绘色地讲述今天发生在高密有趣的故事：说他近年回乡时看到 60 岁的小学同班女同学居然学会开挖土机的故事；说高密东北乡的几个年轻小伙通过网络物流调拨着北京市场猪肉的故事；说《红高粱》外景地孙家口一个农民家的小孩成为年轻的数学家的故事……一段段小故事，细节鲜明，趣味盎然。

※ 莫言与人民网记者黄维合影

21 岁当兵至今，莫言已在北京生活多年。直到今天，最爱听的依然还是茂腔戏，最爱吃的还是老家的煎饼卷大葱，虽然自己的本子被人艺和空政都搬上舞台了，但莫言最喜欢的娱乐消遣就是家乡的茂腔，这不，还兴致勃勃地和我们聊起前两天在梅兰芳大剧院看的茂腔戏《失却的银婚》。

访谈最后，我们问莫言未来还有没有想写的题材？

"写诗歌、编戏曲，未来我还要写歌剧、童话，尽量多尝试一点。"莫言笑着说，当然最终肯定还要回归老本行——写小说。不过题材先保密，唯一透露的一定还是属于他的文学地标——高密东北乡的故事。不过，小说中的高密东北乡已是一个被延伸的概念，是中国社会的一个缩影，"我将广阔中国大地上发生的很多故事都融汇到东北乡中，这更多的是一个文学性的区域。"

牛犇：
角色虽小　戏比天大

　　牛犇，电影表演艺术家。1935 年出生。
1946 年，11 岁的牛犇参演抗日影片《圣城记》，
自此开启电影人生。进入上海电影制片厂后，
牛犇相继参演了《海魂》《沙漠追匪记》《红
色娘子军》《天云山传奇》《牧马人》《泉水叮
咚》等影片，形成了独特的表演风格。2017 年，
获第三十一届中国电影金鸡奖终身成就奖。

　　盛夏七月，浓浓暑意伴以阵阵蝉声。电影表演艺术家牛犇在上海接受了我们的采访。

　　此时，距离牛犇正式成为中国共产党党员已经过去了一个多月，但谈起入党、谈起习近平总书记给他的那封信时，他依旧心潮澎湃，"只要一想起这件事，心里还是非常激动。"

　　从《圣城记》到《牧马人》，再到《两个人的教室》《飞跃老人院》……牛犇在他七十年的电影生涯中塑造了众多栩栩如生的人物形象，在不同时代的作品里，观众都能看到他精彩的表演。改革开放四十年来，牛犇怀抱初心，戏份再少亦全力以赴。他用实际行动告诉我们，角色虽小，戏比天大。

"改革开放让文艺的百花园欣欣向荣"

　　记者：5月31日，您光荣地成为一名中国共产党党员。习近平总书记还给您写了一封信，为您能实现夙愿感到高兴。您收到这封信时是怎样的心情？

　　牛犇：当我看到那封信的时候，脑袋一开始是发蒙的，我没想到习近平总书记会给我写这封信。我只是一名普普通通的文艺工作

※ 牛犇家中一角

者，是一个"小巴辣子"，在这个好时代里面有点坐不住，想向组织表达自己的心情，希望能够加入中国共产党，成为一名党员。

没想到，我们党组织把我申请入党这件事上报了，传到了习近平总书记那里。总书记如此繁忙，但他还是给我寄来了这封信，我激动得眼眶里一直含着泪。后来我有好多天几乎睡不着觉，只要一想起这件事，心里还是非常激动。

记者：阅读完总书记这封信之后，您有着怎样的体会？

牛犇：总书记的这封信不仅是给我个人的鼓励，也是对整个文艺界的鼓舞；总书记提出的要求，不仅是对我个人、也是对新时代每一名文艺工作者的鞭策。改革开放迎来了四十年，我们遇上了好时代。我们只有继续不断努力，才能不辜负这个好时代、不辜负总书记的期望。

习近平总书记在信中说，希望我能带动更多的文艺工作者做"有信仰、有情怀、有担当的人"。作为新时代下的文艺工作者，我们不能忘记自己的初衷。几年前我在拍电影《周恩来的四个昼夜》时，饰演的是周恩来总理身边的老农。戏中描绘的那个年代，生活非常艰苦，但是大家在党的带领下克服了重重困难。我们作为文艺工作者，有责任有义务要跟年轻一代的人说，不能忘记这个初衷。

我们能有今天的幸福生活，能迎来当前的好时代，都是因为有党带领着我们攻坚克难、奋勇前进。

记者：正如您所说，我们遇上了好时代。在您看来，文艺工作者们该如何做才能不辜负这个好时代？

牛犇：改革开放以来，国家经济不断发展，人民生活水平逐渐提高，我们的文艺百花园也欣欣向荣，硕果累累。当前，整个文艺界精神焕发，各文艺门类发扬光大，并在世界舞台上崭露头角。我们之所以能有这样的好时代，都是因为党带领着我们向前走。

总书记在信中的这份谆谆教诲，不只是给我个人的，也是给大家的，是给我们新时代的所有文艺工作者的。以我为例，作为演员，每当我接到一个剧本，首先要考虑这一部戏的社会效益如何。不论片酬高低，只要能对社会有正面影响、传递正能量的，我就会去演。如总书记所希望的，我们每一位文艺工作者都要承担起我们的责任，给大家带去更多的好作品。

"没有小角色，只有小演员"

记者：您从艺 70 余载，饰演了许多令观众印象深刻的角色，比如《圣城记》的小牛子、《飞越老人院》的痴呆老人老金……您认为把角色演"活"的诀窍是什么？

牛犇：首先，也是最主要的，是我们要热爱这个事业；其次，我们常说，没有小角色，只有小演员，不能因为戏份少就受到束缚，要认真研究每一个角色，只要一个角色出现在戏里面，就一定有它的作用。

像《飞越老人院》，原定的演员因为身体原因退出了拍摄，我是去"救火"的。在那部剧里我一句台词都没有，但我很认真地考虑了这个角色在整部戏中的作用。这个角色是为整部戏的主题服务的——我们要关注老人院中老人的痛苦和寂寞，所以只要我这个角色出现时，我都会通过一些声音和动作来表现角色中的那种痛苦。

本来我的角色只是躺着，后来我对导演说，如果这个角色每个镜头都躺在那儿、还没有台词的话，会影响影片的效果。于是我建议导演，让我坐着，并加入一些手势动作和声音。一个光躺在那的角色谁都能演，但今天既然让我牛犇来演，我就要赋予这个角色一定的生命。

记者：您对剧本的选择，是基于什么标准？

牛犇：我看剧本的时候，首先看这部戏能给社会带来什么，能不能给观众带来启迪，能不能传递正能量——也就是常说的社会效益。但凡有作品能做到这些，我不会在乎片酬高低，一定会接下来。有时候我甚至还会主动争取，来参与到这些电影中。

记者：您的许多影视作品确实给观众、给社会带来了正能量，虽然其中很多角色在影片中是配角。您自己是如何看待"配角"这个身份的呢？

牛犇：我觉得"配角"这个词是后人强加上的。一部戏里面其实没有所谓的配角，只能说每个角色的戏份多少的问题。当然，戏份多一些，能跟观众见面的机会多一些，表现自己角色的机会也就多一些而已。而戏份相对较少的角色，也不能认为他就是无足轻重的。许多老一辈的表演艺术家，他们可以把配角演得非常伟大。

我的演艺生涯中饰演的配角多，也得到了许多赞赏，包括金鸡奖、百花奖等等荣誉。只要每一位演员都认认真真地诠释自己的角色，就能获得观众的认可。在这一点上，无论是主角或配角都是一样的。

记者：除了演员之外，在改革开放初期您还担任过上影厂电视部主任，在您的带领下上影厂出品了《蛙女》等多部电视连续剧。为什么会选择进入电视剧领域呢？

牛犇：当时，我们上影的老厂长在结束国外考察之后，决定除了电影之外，上影厂还要有"第二产业"——也就是电视。那时候我们演员多，但因为经费等限制，一年能拍的电影数目有限，很多演员只能闲着，所以我们就早人一步进入电视剧领域，成立了电视部。

我们那时拍的这部《蛙女》，借鉴了一些电影制作方面的经验，还把电影里面不能用的很多技术也用在其中。以前我们觉得电视剧的拍摄是"快餐"式的，没有拍电影这么讲究，实际上这种观点已经过时了。改革开放以来，尤其是近些年来，许多电视剧的制作规模丝毫不亚于电影。我觉得电视剧有点像评书，能通过一个连续的故事赢得观众，在提升社会效益方面能和电影互相弥补。

"演员要有为这个事业献出自己一切的决心"

记者：当您拿到一个新的剧本、新的角色的时候，首先会做什么呢？

牛犇：首先要熟读剧本，了解自己的角色，对角色有不熟悉的方面要尽快学习；要知道自己的角色是哪个行当的，有哪些生活技能，要表现怎样的特点。比如塑造一位农民，现在有些戏里的农民扛着锄头像背着洋枪一样，攥得紧紧的，实际情况哪儿是这样呢？这就得靠演员自己研究。锄头压在肩膀上、手搭在锄头上的时候，要找到平衡，能让自己不费力地扛着锄头。农民拿锄头干活，锄头在手里是工具，而不是负担。

所以要将角色演好，必须要去体验生活。老一辈艺术家们在塑造角色之前，都会去体验生活，他们跟农民、跟工人们同吃同住同劳动，直到自己觉得可以将角色演好。当然，体验生活也并不是一劳永逸的，要了解自己的知识储备，看清自己的位置，与时俱进——现在的农民和工人也掌握了越来越多的技能，如果想演好当代的农民和工人，同样得补习一些相应的知识。我也想趁此对现在的年轻演员们说，要正视自己的不足，不然的话就会面临被淘汰的境地。

记者：您演戏非常认真，也非常拼。在拍《梨园生死情》的时候您从毛驴上摔下来，胸骨都错位了，但您还坚持要回到片场把戏拍完。当时您也已经年过花甲，为什么还要这么拼呢？

牛犇：那个时候我从驴上摔下来，颈椎错位，胸骨断了两根，当时就昏迷了，我还记得我昏迷的一刹那，脑子里想的就是给导演、给整个剧组带来麻烦了。我一个人倒下了，还连累了整个剧组。过了一会儿，我苏醒了过来，第一句话跟导演说的就是我给你添麻烦了。我心里确实不好受，但凡一个演员受伤，摄制组肯定都要停工。

剧组考虑到我的身体问题，提议先将其余的戏份拍完返京，等我的情况好转之后，大家再从北京回来把剩下的戏拍完。这不得了，一个剧组百十来个人，到时候车费、住宿又是一笔很大的开销。于是我决定当下就把戏拍完，大家一开始都是拒绝的，我说不要紧，就算我的生命只剩这几天了，我也要把这部戏拍完，把这个角色完成，也算是我人生的一个纪念。后来大家在我的说服下才勉强同意，最后让医生跟着剧组，我打着止疼药前往拍摄地将自己的戏份完成。

记者：回首您七十余载的演艺生涯，有没有留下一些遗憾？还有没有想去尝试的角色？

牛犇：我知道大家比较喜欢我在《牧马人》里饰演的"郭扁子"一角，但我觉得自己在这部戏中的表现并不够好，我要是知道今天大家那么喜欢这个角色，当年应该更努力地将他演好，感觉那时候自己还不够认真。

现在我想演一个在旧社会里受过深重苦难的人。我还是想告诉年轻人，我们的祖辈从那段岁月中走过来很不容易。我们虽然离那一段历史越来越远，但它不能被我们忘记——如果我们忘记了，该怎样教育年轻一代？因此，要是能有一个刻画得非常深入的这种类型的角色，我很希望能有机会出演。

记者：如果请您寄语年轻一代的演员，您会对他们说什么？

牛犇：演员并不是一个光拼脸蛋的轻松的职业。要成为有觉悟的文艺工作者，要走进生活，到人民当中去，才能刻画好角色。不能光看到鲜花，不能只听到掌声，必须要看到自己与前人的距离。不能安于现状，要有危机意识，你才会不断努力地让自己成为更加全面的人。要有忘我、要有牺牲的精神，要有为这个事业献出自己一切的决心，才能够成为一名真正的演员。

当然，群众的眼睛是雪亮的，只要你把自己的角色诠释好了，给整部戏带来了光彩，鲜花和掌声自然也会随之而来。

※ 人民网采访牛犇视频

83岁牛犇：中国影坛常青树　老牛奋蹄仍不晚

　　在启程去上海采访牛犇老师的前一刻，我们通过人民网官微发布了"采访牛犇爷爷"的预告，征集网友们想问的问题。

　　飞机落地，我打开微博，刚过两小时，这位一辈子专演不起眼小人物的老艺术家，一时间收获了700多个"点赞"，还有200多条网友的热情回复：

　　"爷爷，您的名字有什么特别意义？"

　　"小时候经常看您的剧，想知道爷爷还会继续演戏吗？"

　　"想问问爷爷，您认为在您的职业生涯中，哪种精神最重要？"

　　……

　　7月的上海，烈日当头，暑气逼人。上午九点，我们来到位于上海浦东新区的老年公寓，83岁的牛犇老师已坐在客厅里等候我们，白T恤、浅色裤子、胸前的那枚红色党徽格外醒目。

　　见我们来了，牛犇老师笑着冲我们招手，和蔼地说："不要拘束，就把这里当成自己家吧，随意一点。"说着给我们沏茶，脸上绽放着他那标志性的笑容，感觉就像一位亲切的邻家爷爷。

　　因为自己的房子在装修，牛犇老师暂时居住在老年公寓里，虽然是暂住，可收拾得很干净，布置得很温馨。墙上挂着一幅生肖狗的水墨画，牛老师说，因为他属狗，生日时朋友特意给画的。靠窗的书桌上摆放着许多照片，有老爷子的艺术照、剧照，有与家人的合影，不过最引人注目的要数正中间的那一张：在鲜红的党旗下，牛犇右手握拳、庄严宣誓入党。

今年 5 月 31 日，牛犇正式成为一名中国共产党党员，几十年夙愿终得实现，习近平总书记专门给他写了一封信，勉励他发挥好党员先锋模范作用，继续在从艺做人上为广大文艺工作者作表率。

回忆起当时的情景，牛犇依然十分激动："好多天我都睡不着觉，我作为一个普通文艺工作者，赶上这个好时代，总想向组织表达一下这片初心。我已经 80 多岁了，最想说的是，有生之年，我愿为党的电影事业努力地工作，继续把'为人民创作'作为人生追求。"说完，他用手拭去眼角的热泪。

《红色娘子军》里的小庞、《泉水叮咚》里的大刘，以及为他赢得金鸡奖和百花奖两大最佳男配角奖的《牧马人》中的牧民形象……牛犇一辈子演了无数个"小人物"，虽然很多人物连个完整姓名都没有，都是看不出多少存在感的配角，但对于再小的角色，他都全力以赴，认认真真去演，百分之百投入自己的心血。

"大家比较喜欢我演的《牧马人》的角色，我没想到，我要知道今天大家那么喜欢，当年会更努力地演。"牛犇感慨。

牛犇很"牛"，光名字里就有四头"牛"。牛犇老师告诉我们，他本名叫张学景，1946 年，11 岁的他在沈浮导演的抗日影片《圣城记》中表现出色，让大家记住了"小牛子"这个角色。后来要赴香港拍片，当时电影界演员单名很多，去香港前，他就让谢添导演帮着改个名字。谢添说："咱们平时都叫你小牛子，干脆再加上三个牛，叫牛犇吧！"就这样，小牛子成了牛犇，名字一用就是 60 年。

牛犇很"牛"，身上有股牛脾气，演戏从来不用替身。80 岁时，他出演《海鸥老人》，跳湖的戏份都是自己亲力亲为，甚至导演怕老爷子身体受不了，要求我一个年轻演员带上假发去当牛犇的替

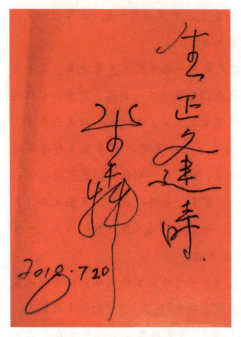

※ 牛犇为人民网网友题写的寄语

身，被牛犇一口回绝了。"要不是那股子牛劲儿，我恐怕坚持不到现在。"

牛犇很"牛"，能演"活"每一个角色。在演《飞越老人院》时，他饰演一位痴呆老人，虽然戏份不多，但却是最出彩的角色。"当时导演让我躺床上，发出嘶嘶的声音表现他失声的痛苦，没有语言和动作，后来我就反复琢磨这个角色，建议导演，把我绑在后边栏杆上，就这样保持坐着的姿势，嘴里一直发出嘶嘶的声音，把老头那种痛苦的表情表现得很到位，这个角色最终顺利完成。"

牛犇很"牛"，为人处世透着老黄牛般的倔强与耿直。对于每个角色，他都很珍惜，"一个大演员也可以把小角色演得非常伟大。"对于接戏，他坦言更看重的是社会影响和社会效益，"如果没有意义，给再多的钱也不接；有意义的，哪怕不给酬劳，只要有贡献，我就去。"

生活中的牛犇有个幸福的家庭，两个孝顺的儿子常来探望，活泼可爱的小孙子刚上幼儿园中班，孙女是一名护士，平时也很喜欢表演，可牛犇却有条不成文的规矩——从来不准家里人对外界说爸爸演员的身份，生怕沾了他的光。

"有人说文艺界是离名利最近的行当，但是我们不要光看到掌

※ 牛犇与采访团队合影

声和鲜花，要看到自己的距离。不管怎样，不能辜负习总书记对我的希望，要努力成为有觉悟的文艺工作者，要走进生活，到人民当中去，刻画他们，演好他们。"牛犇的话，字字句句透着老一辈艺术家的情怀与本真。

采访完，已到中午12点多，我们与牛犇老师合影留念，拍了几张后，他突然走进卧室，戴上了他那顶米白色英伦风礼帽，我们赶紧围过来，牛犇老师突然摆摆手打趣地说，"我当了一辈子配角，今天，我们都是主角。"然后帮我们每个人设计拍照的站位，众人开心大笑，现场气氛一下子活跃起来。"一、二、三！"幸福的合影就此诞生。

冯骥才：
人在书斋里　心在大地上

　　冯骥才，作家，文艺家。1942 年出生，中国文联荣誉委员，中国民间文艺家协会名誉主席，天津大学冯骥才文学艺术研究院院长。先后出版了三十多部文学作品，其中《神鞭》《三寸金莲》《炮打双灯》《雕花烟斗》等分别获得全国优秀短篇奖、全国优秀中篇小说奖、首届全国优秀中短篇小说奖。近年来，致力于民族民间文化的保护工作，促成了中国民间文化遗产抢救工程立项，组织编写出版了《中国民间文化遗产抢救工程普查手册》，为推动民间文化保护工作做出了较大贡献。

走进天津大学冯骥才个人作品展厅，映入眼帘的是二十余幅油画、三十余本传统文化保护研究文集以及上百部不同版本的小说、散文集。这让人不禁思索，是怎样的勤奋与热爱，才能够收获如此繁盛的文艺硕果？

"我要把我的心血放在中国土地上，我不求回报，只望它叶碧花鲜，硕果结于明天。"身高一米九二、已是古稀之年的冯骥才谈及这些年的经历，不言辛劳，反而露出了孩子般天真的笑容，将付出看作是自己为社会、为时代应尽的义务。

从 1979 年《雕花烟斗》第一次获奖，四十年来，冯骥才马不停蹄地奔走在时代号召的前列。他的笔尖书写市井民俗的歌谣，他的双脚沾满古老村落的尘泥。文学、文化保护、绘画、教育的"四驾马车"，每一驾"马车"都在时光里留下了深深的辙痕。改革开放四十年之际，记者专访冯骥才，一同重温黄金时代作家的奋发与理想，感悟中国知识分子的责任与担当。

"改革开放让中国文学迎来了黄金时代"

记者：去年您出版了《激流中：1979—1988 我与新时期文

学》。当时不仅是改革开放的年代，也是文学的黄金时代，铁凝曾经评价您是新时期文学重要的参与者和推动者。当时是怎样的动力推动着文学者的创作呢？

冯骥才：改革开放让中国文学迎来了黄金时代。这是一个充满理想与渴望的时代。人们有共同的目标——希望国家富强，人民富裕。在宏大的理想面前，人们有了情感，有了追求，有了向往，需要文学帮助人们认识生活、理解生活、表达对生活的愿望。因此"努力做'人民的代言人'"成为我们这一代作家的天生使命。共同的时代情怀与社会关切将作家与读者融为一体。

可以说，80 年代的作家是被时代垂怜的幸运儿。因为老百姓充分信任我们，愿意与我们倾诉。我至今记得当时家里有一个很大很结实的木头信箱。每天早上我带着一个搪瓷脸盆下楼，打开箱子，里面塞得满满的读者来信就像泉水一样"涌"到了盆里。

记者：看到这个场景时有怎样的心情？

冯骥才：非常感动。特别是有的信纸在打开时还有一点沙沙声，是因为读者在写信时心弦拨动，眼泪落在纸上，使信纸产生了粘连。直到现在我还能记起那种声音，这其中凝结了读者对作家的信任，是一种创作的激励，更是一种要为人民发声的鞭策。

这种感情并非我个人专属。改革开放之后，中国作家们拥有共同的文化理想与家国情怀。人们将个人的写作追求与更高层次的国家理想紧紧相连，这是中国知识分子一以贯之的风骨。可以说，对人民负有责任、对社会负有使命是改革开放后一代作家的自觉追求。

记者：您提到的文化理想和家国情怀，很让我们感动。80 年代也是您的文学创作繁荣期，如《神鞭》《三寸金莲》等都是当时问世的优秀作品。

※ 冯骥才画作

冯骥才：改革开放为作家们抒发时代感慨提供了宽松的社会环境与积极的鼓励机制。我们迎来了尊重文学、鼓励创作的黄金时代。现在我依旧保留着 1979 年《雕花烟斗》获奖通知单，上面写着"冯骥才同志的《雕花烟斗》获得全国优秀短篇小说奖，请凭单领取奖金 200 元"。这张纸就是时代的见证。

社会的尊重和认可成为作家获得身份认同和创作动力的重要来源。它激励着作家热切地观察时代的发展，诚挚地表达人民的诉求。可以说百姓、作家与时代是连为一体的。我的创作繁荣期也离不开社会的鼓励与支持。

记者：这是来自全社会对文艺创作的肯定。

冯骥才：确实如此。其实当时我们的文学创作非常纯粹，我现在也常用"纯粹"这个词。没有功利的想法，只想写出好作品。而且作家之间的关系非常单纯。每当文坛出现好作品、好作家时，大家都奔走相告，往来甚繁。

※ 冯骥才书法作品

　　有一次著名作曲家施光南特意从天津赶到北京看望我。我邀他到东四小馆吃饭。整个过程中他既没有吃东西也没有喝酒，只是一直在谈他要写的一部歌剧。那一次见面，让我切实感受到艺术家对于艺术创作的纯粹、坚强而充满敬畏的情感。在这种纯粹情感的孕育下，改革开放之后文学、戏剧、音乐等领域才能够出现"繁花盛开"的场景。

　　记者：您说自己对时代有太多的干预，也受到时代对自己人生和命运的干预，您觉得改革开放对您的创作带来了哪些影响？

　　冯骥才：改革开放使我成为充满强烈社会责任感的作家。它赋予了我一种"读者感"，敦促我望向社会，并把对于社会的关切融入到我的文学思考中。在这个风云变幻的大时代，我更充分地认识了人，包括人的性格、命运、愿望、理想，让我努力思考，自由表达，进而深刻地认识生活的本质，谱写最真挚的人间情感。同时，日新月异的崭新社会为我提供了浩瀚的素材，丰富了我的视野，也使我充满想象力。应该说，这是每个人都能创造无限可能的时代。

记者：不仅是您，改革开放也对中国文坛产生了全面而深刻的影响。

冯骥才：我们这一代作家所创作的作品跟时代的精神需要是完全一致的。作家用文字描摹生活的真相与世间的真情，而读者在书间寻找着情感的共鸣和生命的答案。书籍让作家和读者真切地感受到彼此的存在，而中国的文艺事业大厦也正是在这样的情感交融之中不断增高。

改革开放为文坛打了一剂"强心针"——80年代出现了"四世同堂"的景象："五四"时期作家茅盾、巴金、郭沫若、冰心、曹禺等健在；革命作家丁玲、臧克家等作家也都在；王蒙、李国文、张贤亮等等"右派作家"当时并不老；再有便是我们一批80年代冒出来的作家。经历各个特殊历史时期的作家汇聚一堂，在改革开放的春风中昂首创作新篇，促使文坛重焕生命力，一时间出现了各种优秀作品、风格、流派甚至文学思潮，极大推进了中国文学的发展。那真是一个让人感动的、让人怀念的时代。

"我要将文明火炬熊熊不息地传承下去"

记者：在您写作事业蒸蒸日上时，上世纪90年代，您却选择了转型，开始致力于非物质文化遗产保护。

冯骥才：时代需要我在哪里，我就在哪里。80年代时代需要文学的精神引导，我参与了文学。90年代社会大规模现代化，文化传统载体受到冲击、遭遇困难，我转而进行文化遗产保护。家国情怀于我是一种响应时代号召的责任。在我们的共同努力下，90年代至今，中国拥有了物质遗产、非物质遗产、村落遗产三大保护体系，使中华民族的历史财富得到全面和完整的保护。这是中国在文化建设上迈出的重大一步。

但是和90年代相比有一点不同的是，我已经76岁了。今年我在贵州黔东南地区跑了7个少数民族村寨，上山坡时感觉膝盖有点吃力。但是少数民族的"非遗"不能缺少我们的帮助。他们生活在自己的文化里，一旦文化没有了，民族也就没有了，所以我还会坚持做下去。

记者：从"非遗"到古老村落的保护，从90年代到现在，您始终没有停下脚步。

冯骥才：因为我们的文化出现了困难，它们得了病，它们在向我们呼救，我不能"见死不救"。如果说保护"非遗"是在保护传统文化的花朵和果实，现在保护古村落则是在守护传统文化之根。我们常说要"看得见山，望得见水，记得住乡愁"。古村落的保护意义正是在于它承载了一种情怀、一段记忆、一份乡愁。保护这些珍贵的传统村落，其实就是保护中华优秀传统文化的精神命脉。

知识分子是时代的先觉者、先倡者、先行者。不仅有知，而且要行。我们的大脑应该是一个有"足"的大脑。我的人在书斋里，心还在大地上。当保护国家文明的问题压在我们身上时，即使我们不一定能够全部解决，但是我们必须锲而不舍地为之奔走，为之呼告。

记者：虽然您竭力呼吁多年，有时却事与愿违。您如何对待理想与现实的落差？

冯骥才：呼吁并不意味着解决，但是不呼吁造成的问题更大。我们是较早觉醒的一批人，意味着要经受更多的痛苦和忧患，但是我们必须承担这些东西。这条路走得很艰难，但必须去走，这是时代交给我们的责任。

有一次我从河南到晋中去，特意选择一条从太行山穿过去的险路，目的是考察沿路的村落。这一看令我触目惊心——百分之六十至八十的村落是空的。有的村子吃饭的碗、供奉的土地爷都被丢弃了。村落历经沧桑，现在却被草率地抛弃和遗忘。

更重要的是，如果不保护古村落，"非遗"——这笔刚刚整理出来的国家文化财富便会立即重返绝境，而且是灭绝性的、"连根拔"的。传统村落的遗产保护必须是整体保护。只注重保护乡土建筑和历史景观，忽略了村落灵魂性的精神文化内涵，最终会导致村落魂飞魄散，形存实亡。

记者：目前国家已经公布了四批传统村落的保护名录，共有4153个村落入选。这当中有哪些村落和村民给您的印象比较深呢？

冯骥才：最让我印象深刻的是绍兴新昌的胡卜村。这是一个可追溯至宋代的村子。当时修水库要淹没胡卜村，村民找到了我，希望我能够为村子写一个村碑，他们把村碑埋在原址。即使水淹了，也是一个永久的纪念。这让我感觉很有情怀。

不仅如此，村民把胡卜村里重要的东西全部搬出来了，包括穿的拖鞋、打年糕用的臼、农具、家伙什，甚至是大树和田里的土。他们准备找一个地方复建村落，让离开村子的人们永远有家可回。这就是写在大地之上的实实在在的"乡愁"！老百姓对自己家园的感情，比海都要深。

这件事让我深刻感受到，在文明的传承中，我们既不能失去一只只从历史飞来的美丽大鸟，也不能丢掉从大鸟身上遗落的每一片珍贵羽毛。一个民族不应该只有 GDP，还应该有 DNA。民族的DNA，就是文化。

记者：您多年致力的"非遗"保护工作成果大家有目共睹，比如历时 13 年的中国民间文化遗产抢救工程，还有您推动设立的文化遗产日，还有"非遗法"的制定，都是您的付出和奉献。

冯骥才：我们所做的，就是从上一代人手中接过燃烧着中华文明之光的火炬，又将它熊熊不息地交给下一代。这是每一代知识分子的责任。在 20 年前，当人们都认为老建筑不如拆掉变成现代的高楼大厦时，我们呼吁、奔走、挽留、号召，努力接过火炬，而不是眼睁睁地看它被扔在地上。如果 20 年前不加以保护的话，今天所剩的传统文化遗存，可能连一半都没有。

只有社会机器的所有部件都有文明的含金量，理想的文明社会才会出现。这是每一代知识分子应有的文化先觉和文化自觉。文化遗产并不是属于过去，而是属于未来，属于我们的后人。我们要用现代文明善待历史文明，把本色的中华文明留给子孙，让千年古树在未来开花。

"真正的艺术家是文化的终身志愿者"

记者：您说过，人最有力量的是背上的脊梁，知识分子是脊梁中间那块骨头。怎么理解这句话？

冯骥才：这句话我想说明的就是承担。知识分子看得见社会有哪些事情需要承担。需要承担的事情与功利无关，但是所承担的事情绝不是小事。真正的艺术家都是文化的终身志愿者，这种承担是一辈子的使命。

有"三峡之魂"美誉的郑云峰为了在长江截流蓄水前用镜头留住母亲河的真正容颜，卖掉影楼，买了一艘船，孤身一人在长江漂泊了二十多年。后来我在北京得了一个奖，现场把奖金捐给他了。有时候我跟他们在一起时，我会为自己贡献得少而感到惭愧。于是我更加卖力地替他们呼喊。这些默默无闻的、有真才实学的学者，是我们民族的脊梁，是脊梁里面骨头最硬的一块。正因为有这些有良知的人，有这些为我们民族承担的人，中华民族才能够在五千年的岁月里生生不息。

记者：当商业化与市场不断介入到艺术创作中时，您认为作为文艺工作者应该在社会中发挥怎样的作用？

冯骥才：一个好的社会文化应该像金字塔一样，在塔尖有一群怀揣纯粹艺术思想和精神追求的艺术家。他们能够创作出代表时代文艺水平、彰显时代文艺高度的作品。这是最经典、最纯粹的文艺作品。

如果这个时代满眼都是流行的商业迷信，而没有让人崇敬的文化精英，这个国家将失去它的文明高度。如果一个民族的文艺沉溺在享乐的氛围之中，这个民族的文艺，乃至精神，都是振作不起来的。只有当艺术家摒弃浮躁之心，拒绝名利诱惑，才可能创造出真正的精品力作。

记者：今年您的《俗世奇人》获得第七届鲁迅文学奖短篇小说奖，您在书里塑造了很多生动的人物，也蕴藏了您对天津人民的深情厚谊。这种情感从何缘起？

冯骥才：我生长在这片土地上，我对天津始终怀着感恩之心。在我最苦的时候，天津人民赠予了我最珍贵的感情。唐山大地震时，我的家全塌了，一家人从废墟里爬出来。我安顿好妻儿，骑一辆破自行车，一上午去了十几位朋友家里，我必须看看我的朋友是不是有事。当时一路上遇到很多熟人，他们一听说我家塌了，都情不自禁地掏口袋，把他的钱抓起来往我的口袋里塞。那时候钱不多，最多五块钱，一般都是几毛钱。直到中午我肚子空空地回到家，一摸口袋，一数，71块钱，顶我当时两个月工资。那天特别

※ 冯骥才大树博物馆展出的民间文化遗产抢救工程部分出版成果

热，塞给我钱的手都是汗津津的，钱也是湿乎乎的，最后一把钱变成一个硬疙瘩。

记者：患难见真情。这种情感经历对您的创作产生了怎样的影响？

冯骥才：这种经历让我确信，真正的温暖在人间。地震是一场灾难，然而支撑着我们活下来的，正是对春天回归的向往，是人与人之间的扶持和慰藉。

所以当你真正熟悉并热爱这个城市人的集体性格时，总希望把这种珍贵留在纸上。我爱这个城市的人，也爱他们独特的性格——豪爽、义气、厚道、朴实、讲面子、幽默、敞亮、喜欢戏谑，但是很善良。这就像你爱自己的孩子，连他的调皮捣蛋你都觉得可爱，那是你真正的爱。而当我真切地爱着这片热土、这里的人时，我渴望用笔挥洒出他们性格中最真最善的一面。

记者：您说过社会真正的生命就在这些小人物身上，您是如何塑造这些有血有肉的人物形象的？

冯骥才：小说要把人物的灵魂写活了，而且活到了连作家都拿他们没办法，这样读起来才有意思。在《俗世奇人》里，我挑选了一群代表天津人集体性格的人物，让他们在清末民初的舞台上齐齐冒出，重绘老天津卫的特色民俗风情画。书里的人物要让读者感觉仿佛在现实中亲眼见过，透着一股活生生的劲儿，才算是达到艺术创作的本质。

记者：在您所致力的文学、绘画、文化遗产保护和教育的"四驾马车"中，每一个领域的成果都令人瞩目。今后您会在哪个方面倾注更多心力？

冯骥才：这也是我最近想的问题，但是思来想去好像哪个也放不下。绘画时，我会穷尽心力来画。在教育方面，我现在还带着五六个研究生。今天上午我还在思考传承人研究课题。而文学，谁也不能让我放下笔，只有生命能让我放下，我会和我的读者相伴终生。文化保护方面，至今我还有两个职务没有卸掉——国家非物质文化遗产保护工作专家委员会主任和国家传统村落保护发展专家委员会主任。这样想来，哪一驾马车我都不舍得放手。

我常常羡慕那种单纯的作家或画家，活得简明纯粹，用一生力气挖一口深井。而几十年来我则一直在各个领域刻意或随性地往返穿梭。因为我偏偏不肯那样活着，否则我不再是我。

记者：您对于"四驾马车"所倾注的心血，也为您带来更加厚重多样的生命体验。您对未来的自己有怎样的期许？

冯骥才：我深感重任在肩，但依然充满自信。直到现在，我依旧记得那个骑着自行车，后面绑着凳子，带着破相机，在天津市四处转悠拍摄记录精美砖刻的年轻自己。年轻时的梦想从来没有离开过我。

我真切地希望每一次文化保护，每一次艺术创作，都能深化一次民族的亲和力、凝聚力，加强民族的生命力。这样我会觉得土地是热的，我的心也是热的，我要把我的心血放在中国这块土地上，我不求回报，只望它土沃木长，叶碧花鲜，硕果结于明天。

※ 人民网采访冯骥才视频

七夕访"大冯"

　　提起冯骥才先生，朋友们都喜欢称呼他为"大冯"，他也以此作为自己的微信名。中国文联主席、作协主席铁凝曾真挚地说，这不仅因为他身材高大，更因为他视野辽阔，对国家、对社会、对文化，具有强烈的责任意识和担当精神。

　　时至今日，我仍记得与"大冯"初相识的情景——那是2006年的全国两会上，在文艺界委员的驻地、华润宾馆的一楼大厅，午后和暖的阳光透过阔大的落地窗倾洒下来，我就这样静静聆听这位民间文化保护的深情守望者，娓娓道来他独特的非遗故

※ 天津大学冯骥才文化艺术研究院一角

※ 冯骥才会客室一角

※ 冯骥才会客室所挂好友莫言的字画

※ 冯骥才与记者参观大树博物馆

事与浓郁的文化情怀，目光明澈坚定，采访完，他在我的笔记本上认真写下几个字："时时想到我们的文化正在消失。"

12年后，今年七夕节，我们坐上高铁动车，第一次走进天津大学的冯骥才文化艺术研究院，拜访这位文化大家。

出租车在院楼前停下来，映入我们眼帘的是一座绿意盎然的现代建筑，几何形状的架构，现代感十足，整个院墙爬满了爬山虎，走进院内，则是另一番景致：花木掩映，一湾池水，碧波荡漾，锦鲤悠游，让人不觉心旷神怡；一座明代木结构门楣静静地在另一侧伫立，木质斗拱飞檐，历史的古朴，现代的时尚，田园的清新在这里完美交融，整个院落好似一个精神绿地。

我们来到二楼会客室，房间布置得极为雅致，桌椅古色古香，靠墙整齐地码放着几百本藏书，像是一间书房，又像是一个小型博物馆，满眼都是石雕、木刻以及各式各样的藏品，墙上挂着两位友人的书法作品：一幅是冯骥才生日时画家韩美林写的篆书"进退有度"；另一幅是作家莫言写的打油诗："大冯如巨树，做人真性情，交友热心肠……"

　　未见其人，先闻其声。透过进门的黑色屏风，传来冯骥才清朗洪亮的说话声。

　　还是那个"大冯"，一如12年前般亲切温和。穿着一件草绿色短袖上衣，头发有些花白，交谈中神采飞扬。

　　简单握手寒暄后，我们进入采访正题。

　　谈及上世纪80年代，他特别用了"纯粹""真诚"两个词来形容。1977年12月，他的第一本作品《义和拳》发布，而后接连创作了《神鞭》《三寸金莲》等小说，在他眼中，"那是一个空前又独特的文学时代，一个理想主义的时代。"

　　他忘不了第一次领稿费时的激动与欣喜，"在邮局取3300元的'巨款'被工作人员侧目"；忘不了当年地震时朋友们的仗义相助，大家五元十元地往他兜里塞钱；忘不了读者朋友与他真诚倾心的交流，"每天用脸盆装读者雪花般的来信"。

　　还是那个"大冯"，一如12年前般坚守文脉。

　　这些年，他跑遍了全国，边指导志愿者进行田野普查，边进行民间文化抢救。面对众多面临困境甚至消失危境的文化遗产，他说自己就像医生一样，在抢救一个个生命。

　　随着年纪增大，近几年冯骥才下田野的时间少了，但是作为中国传统村落保护专家委员会主任，他的工作量仍然很大，"非遗家底盘清了，我又负责传统村落保护的评定，面对的是200多万个村落，要进行全面调查，从中挑出好的村落，你说这是多大的一个工作量？我还负责中国口头文学的出版，这些年整理下来的口头文学有十几亿字都要出版，我做学术委员会主任，都是大工程。"

　　还是那个"大冯"，一如12年前般醉心文学。

　　今年76岁的他，一天中有五六个小时用来创作。"早晨起来写作 3 小时，午饭后打个盹，下午来院里会客、处理日常事务，回到家 6 点，洗把脸喝杯水，睡到 7 点钟左右；起来休息一下吃饭，饭后看会儿新闻联播，听会音乐，把案头需要做的事情，需要思辨的问题，需要写的文章，都在这个时间进行，一直到夜里 12 点多。"

专访中，还有个有趣的细节。我们说起他去年写的文章《母亲百岁记》，羡慕他在 72 岁本命年时还有母亲为他亲手扎红腰带，他立马掏出手机，给我们翻看母亲的照片，照片中的老太太笑容慈祥，虽已过百岁，却十分优雅。母子间会常发微信，分享好玩的图片、有趣的文章。

采访完，冯先生带我们参观了他的大树书画馆，里面有他各个时期创作的文学、绘画、文化遗产、保护教育等领域的作品。边参观边告诉我们，他刚刚完成新书《漩涡里》，今年冬天还将创作一部新长篇，至于题材嘛，他笑笑说先保密，在写累了的时候就画画，当作休息了。

一个半小时的采访，文化理想、家国情怀、先觉、先倡、先行，这些词汇在采访中不断出现，也深深印在了我的脑海里。

采访结束，他向我们笑着挥挥手，"欢迎你们有空再来，我要带上洗好的水果，赶去陪母亲过周末了。"

※ 冯骥才为人民网网友题写寄语

望着他远去的背影，我的心中不由充满了崇敬。

靳尚谊：
七十载耕耘不断　一辈子画笔不停

　　靳尚谊，油画家。1934年出生，原中央
美院院长，现为中央美院博士生导师、教授、
中国美协名誉主席、中国文联荣誉委员、全国
政协常委。代表作品：《十二月会议》《瞿秋白》
《塔吉克新娘》等。

一幅《塔吉克新娘》，被美术界誉为中国"新古典主义"油画的开山之作；一幅《归侨》，让我们在源自西方的油画中感受到了中国传统壁画的魅力；一幅《画家黄宾虹》，完美地将中国的山水画与西方的油画融为一体……

盛夏时节的一个午后，我们登门拜访绘成这些经典之作的著名油画家、中央美术学院原院长靳尚谊。自十五岁入学手执画笔以来，已经八十四岁高龄的靳尚谊始终保持着作为画家的朴素姿态，为中国油画事业的发展鞠躬尽瘁。改革开放四十年中，他在探索中耕耘，在创造中前行，以独特的笔触表达着他对时代、对社会的理解与感悟。

在改革开放四十年之际，记者与您一同走进这座靳尚谊亲自构筑的肖像画廊，透过一张张刻画细腻、饱满生动又意味深远的肖像画，感受靳尚谊画笔下的时代变迁。

"改革开放给中国油画增添了新的活力"

记者：您的作品《塔吉克新娘》被称为中国"新古典主义"的开山之作，率先将中国传统美学观念同欧洲古典油画相结合，当时为什么会采取这样的创作方法呢?

靳尚谊:《塔吉克新娘》是我在 1983 年的作品。在 1979 年前往欧洲学习之前,我认为自己的油画基础还可以,但那年在欧洲看了大量从古典到现代的原作以后,我将自己的油画作品与之对比,才觉得自己的水平远远不够。无关作品的主题和内容,是基础问题中的造型问题没有解决,在国内许多人都认为这个问题已经解决了,所以都认为自己画得很好,我就是其中一员,如果不看西方原作的话,根本没办法发现这个问题仍旧存在。

此前我们的油画创作都是用现代的、写意的手法,边线的处理比较虚,这样的处理方法就造成了体积转折不够、厚度不够。1980年我在美国探亲时,尝试利用古典的形式,把体积做得彻底一点,边线很清楚地转过去,让作品的厚度加强,这样一来,画面就发生了非常大的变化。

回国以后,我用这个办法画了一些人体肖像画,其中就包括《塔吉克新娘》,我们的教员看过后,认为我的风格发生了变化。当时画界和理论界认为,中国出现了新古典主义。实际上我没有刻意追求什么风格,只是通过研究基础问题而提高了水平,仅此而已。

记者:此次欧洲之行对您的艺术创作启发很大。

靳尚谊:在欧洲学习时,我反复地看油画的原作,这非常重要。看原作不是扫一眼就过了,得不断地看,才能分辨出作品的好坏。不看原作,光闷头画画是不行的。油画是西方的画种,我们国家没有油画传统,也就鲜少有接触原作的机会。通过不断地观察大师的高水平之作,画家便能在脑海中辨别作品水平的高低。看多了之后,自己熟悉油画的标准,自然就能画好了。要想把画画好要解决基础问题、造型问题,起初我认为这个问题已经解决

※ 著名油画家靳尚谊书房中摆放的照片

了，但是在欧洲学习时看过原作后才发现还差得远，自己的水平还有待提高。

记者：您曾经提到中国油画的发展可以分为三个阶段，改革开放时期的上世纪八九十年代是其中最重要的一个阶段。

靳尚谊：改革开放对中国油画的发展起了至关重要的作用。改革开放以前，我们能看到的欧洲画作很少，偶尔有几次展览，时间也不长。改革开放后，随着我们国家和西方国家的交流日益增多，画家也有更多机会欣赏原作。1979 年我先后在德国、法国、意大利、西班牙等国家学习，尽可能多地接触原作，这对自身油画水平的提高、油画语言的研究都大有裨益。

此外，改革开放这些年中，我们接触到了世界各个时期、各种风格的绘画，这也影响了这一时期中国画家创作的风格和题材。自 1978 年以后，尤其是 80 年代到 90 年代这段时间里，中国油画的画风变化很大，每一位画家根据各自的需求和个性进行创作，出现

※ 靳尚谊书房窗台摆放的雕塑与奖杯

了各种不同的风格，题材也更为广泛。所以，从这一点上看，改革开放给中国油画增添了新的活力，极大地促进了中国油画的发展。

记者：如您所说，改革开放以来中国油画的题材日益丰富。而您是通过肖像作品作为人民精神生活的写照。您为什么选择用肖像画来记录时代？

靳尚谊：每个人选择的题材都跟自己的能力和兴趣相关。我以前也创作过一些多人物、大场面的作品，但后来发现自己在这方面能力不够，画起来有些吃力。西方文艺复兴时期人文主义思想开始出现，在那段时间里，西方的人物画非常发达，宗教画、历史画等均以表现人物为主。达·芬奇的肖像画《蒙娜丽莎》就是享誉世界的作品。在欧洲学习过后，我认为肖像是油画一个很重要的主题，因为画人其实最难。既然我画多人物、大场面吃力，那我就专攻肖像画这个题材，把自己的绘画水平再提高一些。

另外，我对人物肖像画有着浓厚的兴趣。人是社会的主体，通过一个人的肖像可以表达各方面的社会现象和情绪，表现丰富的社会内涵。人是社会的中心，而人本身的形象和造型的特点既单纯又丰富，表现起来难度很大，但又最富于张力。我把自己在艺术上的追求集中在肖像画这一小范围上，既有助于自己的研究，同时，我通过我的画笔为中国人造像，表现中国人的精神气质，这也是一个中国画家的职责。

记者：这四十年积累与创作，奠定了您在画坛中的地位。您认为改革开放给您个人的艺术创作带来怎样的影响？

靳尚谊：我主要是在肖像画方面做了尝试和探索，这体现在风格的变化。比如《瞿秋白》更偏古典，到了《画家黄宾虹》中又融入了水墨画中的写意元素。但是无论风格如何变化，作品都是表现对象本身的。

除此之外，我经常在画作中表达自己对时代、对社会的感受。在我 1997 年的作品《老桥东望》中，意大利的修女在古代佛罗伦萨的城市背景下祈祷，但是她的眼睛有点斜视，这是我当时在意大利考察时的感受。意大利是欧洲宗教气氛最浓厚的国家之一，佛罗伦萨里几乎没有现代建筑。但后来，我通过观察发现当地有些年轻人已经不大信仰宗教了，于是我通过这幅肖像画，把这一现象表现出来。

还有一幅 2001 年的作品《醉》，画的是日本的艺伎。当时我想表现的是亚洲在现代化以后出现的一些不太好的现象，其中包括画中醉生梦死的消极人生态度。所以，在我的肖像画里会蕴藏比较复杂的社会内涵。

"在油画创作中注入中国传统文化元素"

记者：油画是西方的画种，但您的许多油画作品中有着丰富的中国传统文化元素，例如《画家黄宾虹》《髡残》。您认为油画该如何与中国传统文化相结合呢？

靳尚谊：改革开放四十年间，我国与世界各国的文化交流逐渐频繁。作为历史悠久、底蕴深厚的文化大国，我国在文化艺术方面有着很强的独特性。我们在这片土地上成长，在西方的油画创作中注入中国传统文化的元素，是每个有追求的画家很自然也必须去做的事情。

中国的油画家不仅要努力学习和掌握欧洲油画艺术精华，又需使之与中华本土文化交流融汇，在懂得西方油画的基本原则和最高境界的基础上，注入中国的文化内涵。这种文化内涵就流淌在我们的血液里，在创作中将有所体现。很多老一辈油画家，文化修养很高，很早就把中国文化注入到油画里去了，徐悲鸿、董希文、罗工柳等等都是这方面的佼佼者。

就我个人而言，油画创作中也会不断注入中国文化的内涵，从东方壁画、水墨画里吸收营养。我认为，具有东方文化内涵的油画会出现，但不要刻意追求，要自然而然地形成。

记者：您个人是通过什么样的契机将油画与中国画相结合？

靳尚谊：上世纪 90 年代，我在翻看黄宾虹的画册时，发现其中山水画的笔墨和抽象绘画很像，很有意思。我认为油画语言和山水画结合比较容易一点，而黄宾虹和髡残的山水画色彩比较浓郁，更容易与油画相结合。所以，我选择了这两个人来做实验，尝试把他们的水墨画作品跟油画结合起来。

油画的色彩本来是很灿烂的，但是要和水墨画相结合的话，颜色就必须单纯一些、素雅一些，就采用了灰色调，在色彩上也更有水墨的感觉。《髡残》画幅比较大，背景环境的部分更多，在这其中，我将背景里山的结构与中国的山水画相结合，使作品既有油画的真实感，又有山水画的画面结构；既保留了西方油画的特点，又融入了中国画的韵味。

记者：1978 年夏，您曾在著名画家、敦煌学专家常书鸿的带领下前往敦煌临摹壁画，留下了一批用油彩临摹中国古代壁画的作品。这段时光对您有什么帮助？

靳尚谊：那个时候敦煌的游客不多，前来参观的人很少，所有洞窟都开放给我们临摹，没有限制，因此我们参观得非常细致。

我在敦煌大概待了半个月，临了很多张壁画，而且都是临局部，挑选我喜欢的部分临摹。以前很多人都是用中国画的方式来临摹的，我采用了油画的方式。因此，壁画画面一些残破的效果都临摹出来了。

这段经历给我的帮助很大，我后来在研究中国画风格的时候，从这里面吸收了不少营养，就有了后来融入壁画形式创作的一批肖像，其中包括《画家黄永玉》《归侨》等等。这一时期的肖像画的创作形式便主要来自敦煌的壁画，当然也融入了永乐宫、法海寺等传统壁画的特点，将其和油画结合起来。

"绘画已经成为我生活中的一部分"

记者：今年是中央美术学院成立一百周年，您是中央美术学院在任时间最长的院长，见证了中国当代美术的发展。在央美任院长时您设立了建筑和设计专业，当时设立这两个专业的原因是什么呢？

靳尚谊：1979 年，我在欧洲参观了西德所有的美术学院，发现这些美术学院都有设计专业，不禁让我思考美术学院与"设计"的关系——二者究根结底其实是一回事，虽然表面上看是不同专业，但它们都属于"视觉艺术"这一范畴。

自改革开放以来，我们国家经济发展相当快。我认为，随着经济的不断发展，设计也会越来越重要。因此，我觉得中央美院一定要设立设计专业。当我真正当上院长以后，我就酝酿着这一计划。当时我还想着把建筑也包括在内，因为西方文艺复兴时期的画家既懂绘画也懂建筑，达·芬奇就是其中的代表人物，他既是画家，也是建筑师。

设立这两个专业时，当时学院还有许多人反对，但我坚信随着中国经济的腾飞，这两个专业是必须要设立的。经过这些年的建设，这两个专业不仅对中央美院的发展起了积极作用，更对中国的设计艺术、建筑艺术发展起了重要作用。

记者：您的观点是"画画不卖钱"，这些年来您始终保持着作为画家的朴素姿态。但现在有些年轻画家喜欢将作品商业化，您对此有什么看法？

靳尚谊：这个问题比较复杂。画家出售自己的作品来赚钱其实是很正常的，早在17世纪，西方的许多肖像画家便专门靠帮人们画像而取得收入。所以，画家通过销售自己的作品以维持生计，并无问题。

但是，如果是为了赚钱才画画，就不可能画出好的作品。作为一个画家，必须刻苦钻研，细心打磨自己的作品，才能不断进步。如果一心只想着把画出售，什么风格畅销就画什么，画家就会越来越浮躁，肯定画不好。

记者：2015年，您在中国美术馆举办了展览"自在途程——油画语言研究展"。这些年您仍然活跃在油画创作第一线，回顾您的艺术人生，绘画对您来说意味着什么？

靳尚谊：我现在年纪大了，创作的精力有些跟不上，因此把展览的主题定为对油画语言的学习过程，其实新东西不多。

但我对绘画的热情没有减淡，仍然在钻研绘画中的问题，也时不时会有新的想法。尽管现在创作时有些力不从心，但绘画已经成为我生活中不可分割的一部分，我会一直画下去。

※ 人民网采访靳尚谊视频

靳尚谊：用画笔为中国人造像

8月初的午后，等到著名油画家靳尚谊先生从欧洲游学访问归来，我们与他的一位博士生相约，一起来到靳老家中做客采访。

三时整，我们按响门铃，84岁的靳老亲自开门，笑脸相迎。一进屋，一股浓浓的艺术气息扑面而来——只见玄关处的墙上嵌着一座石刻的仿真壁炉，上方则是一尊人面像的石雕，古朴雅致，彰显着艺术家的品位与爱好。

我们随靳老来到书房。房间不大，满壁书简，坐拥书香。一排大书柜靠墙而立，里面装满了艺术相关的画册，地上各种书籍堆积如小山，对着书柜的一面墙上，是元代南宗山水画的代表人物倪瓒的挂轴《紫芝山房图》，雅淡清逸的画风，顿时吸引了我们的目光。书桌上的全铜欧式台灯，则给人一种复古的美感，书桌前，挂着一幅清人行书小扇面，灵动隽逸。整个书房弥漫着简素空灵的古风。

靳老是当代著名油画家，可当我们走进先生家中，并未看到一幅油画，看到的竟然是国画，让我们有些不解，靳老告诉我们，虽然主要画油画，但他对国画极为推崇。如今，上午他会去附近的工作室拿起画笔画上几笔油画；下午与书为伴，静静地读书看报，怡然自乐。

此刻，坐在沙发上的靳老，一头花白的头发，一件整洁的白衬衣，一副黑细框眼镜，虽已耄耋之年，却目光明锐，温和儒雅。阳

※ 靳尚谊为人民网题字　　　　　　　　　　※ 靳尚谊书房一角

光透过窗帘洒进书房，从侧面照着沙发上的靳尚谊，像一幅伦勃朗的肖像画。

趁小伙伴布置机位调光的工夫，我们拿出提纲，和靳老沟通。靳老认真细致地翻看每个问题，叮嘱我们哪些可以展开来谈，哪些建议略去。

采访从四十年前的那个夏天说起。

1978 年夏，在著名美学家常书鸿先生的带领下，靳尚谊前往敦煌，住在当地的一个小招待所里，与其他人用中国画的方式不同的是，靳尚谊每天用油画临摹洞窟壁画，并挑选自己喜欢的部分临摹，用写实的方式把敦煌那些已经氧化破损以及墙上斑斑驳驳的景象全都描绘出来。半个月的时间，留下一批用油彩临摹中国古代壁画的作品。

"临摹敦煌壁画，我的收获很大，在我后来的创作风格里，吸收了不少东西。比如我根据壁画的形式画了一批肖像，《画家黄永玉》《归侨》《探索》就是分别用黄永玉的画、永乐宫壁画做背景，将壁画的传统内容和油画结合起来。"对于40年前的这段创作经历，靳老记得很清楚。

得益于改革开放的机遇，靳尚谊成为国内最早一批走出国门的艺术家——1979年夏，他随中国艺术考察团出访欧洲，访问了西德，之后又陆续访问美国、法国、俄罗斯、意大利和西班牙，在这些国家的美术馆和博物馆里反复拜读原作。

"我上学的时候，古典原作基本没见过，印刷品也印得不好，感觉旧、腻。面对真正的大师经典，就能看到自己油画的基础性弱点。因为无论从画面的丰厚性、层次感上，还是造型、色彩上，我的画都远远不及。"靳老神情平静言语犀利，用手在空中比画了一下，接着说，"我研究了很久，当时问题仍然出在'造型'上，体积感不够强，单薄，画得太简单。"

第一次的西德之行让靳尚谊眼界大开，也让他的画风发生了变化。1981年，他又与夫人去美国探亲，用一年时间考察了众多博物馆、画廊和美术院校，观摩了从古希腊、古埃及直到美国最前卫的艺术，基本上看到了各个时期主要画家的重要作品，也让靳尚谊的画风变得严密和理性。

此后回国，靳尚谊便创作了著名的《塔吉克新娘》——画面中的新娘，优美动人，略带羞涩、拘谨的表情，对追求幸福生活的强烈、奔放的热情，予人一种美好、纯洁的触动。这幅画作的诞生，在画坛引起轰动，也标志着靳尚谊的创作进入了新的阶段。

"从《塔吉克新娘》《青年歌手》，再到《八大山人》《晚年黄宾虹》……这么多年，您坚持画人物肖像的原因是什么？"我们不解地问。靳尚谊答道："在西方发达国家，油画最主要的是人物画，通过人物表现这个人的情感和经历以及人的社会性。我是中国人，我就要为中国人造像，表现中国人的精神气质，这是一个中国画家的职责。"

今年恰逢中央美术学院成立100周年，作为中央美术学院的毕业生，毕业后又留校任教，担任美院院长14载，同时也是中央美术学院在任时间最长的一任院长，靳尚谊感触良多，任期内做的几件大事：创办设计专业和建筑专业，主持新址建设，勾勒出了如今中央美院的轮廓。

时间过得飞快，不知不觉采访、拍摄已近两个小时，靳老很是健谈，说起话来观点明确、思路清晰。在画与人的时空里，我们提问着、聆听着、思考着。

采访结束，我们收拾设备，小伙伴的一个摄像器材包不见了，反复找了几遍也没找到，正当我们准备放弃时，靳老知道了，停下手里的工作，帮我们在书房和客厅仔细翻找，终于在进门的柜子底下找到了，老人弯下腰拾起来交给我们，十分和蔼可亲。

我们正要告辞，书房沙发后面摆放的一幅老照片引起了我们的注意。靳老笑着向我们介绍，那是1957年中央美院马克西莫夫油画训练班毕业时拍的，照片中的靳尚谊，站在侯一民、詹建俊等青年才俊中间，笑容灿烂，意气风发，一往无前。忆起那段青春时光，靳老的脸上不禁流露出幸福的笑容，60年时光倏忽而过，仿佛就在昨天，一切都未曾远去。

李谷一：
春晚常青树　歌声飘过四十年

　　李谷一，国家一级演员，民族声乐歌唱
家，戏曲表演艺术家。1944 年出生，曾任中
国音乐家协会副主席、全国政协委员，现任中
国音乐家协会顾问。代表作品:《乡恋》《绒花》
《妹妹找哥泪花流》《我和我的祖国》《难忘今
宵》等。曾多次获"最佳演唱奖""云雀奖""金
唱片奖""当代中国电影特别贡献奖"等奖项。

初秋之时，一袭中国风的白衣长裙，搭配精致干练的盘发，在自家的客厅，李谷一接受了记者的专访。"难忘今宵、难忘今宵，无论天涯与海角……"聊到歌曲，她会情不自禁地哼唱；"如果不是赶上改革开放的好时代，就不会有我的今天。"说到激动处，她会手舞足蹈，不经意间带出几句家乡话。仗义执言的个性、言语间流淌的音乐情怀，让人恍惚间觉得，她还是那个唱着《乡恋》的湘妹子。

"《乡恋》的成功，是人民对新时期文艺的呼唤"

记者：1980 年，您演唱的《乡恋》被称为"新时期中国大陆的第一首流行歌曲"，虽然问世之初，也受到争议，直到 1983 年的春晚舞台大获成功，您与《乡恋》一起，成为印在人们心中的"身影"与"歌声"。在您看来，这首歌为什么能成功？

李谷一：《乡恋》这首歌应时代而生，是改革开放的信号弹。改革开放前，人们思想普遍禁锢，对文艺发展的方向和歌曲演绎手法，缺乏系统认知；改革开放后，一大批文艺工作者紧跟时代脚步，解放思想观念，坚定内心声音，尝试多种创作手法写出了

《乡恋》。

"你的声音，你的歌声，永远印在，我的心中……"这首歌的歌词更加人性化、细腻深情，贴近群众；编曲上融入架子鼓、电吉他等乐器；演唱时，我没有用高亢"口号"式的处理方法，不集中全部力量发声，而是运用"轻声"，此时无声胜有声，饱含深情又娓娓道来。这种用法在当时受到争议，在一些人眼中，不符合主流意识形态。但是也有鼓励的声音，那时，我每天都会收到来自全国各地观众朋友的来信，他们支持我继续演唱。这些肯定的声音，给予我歌唱的勇气。在群众的呼声中，这首歌最终登上了春晚舞台。

现在看来，对于《乡恋》的争议，是新旧文艺思想的交锋；《乡恋》的成功，是人民对新时期文艺的呼唤。如果不是赶上了改革开放的好时代，就不会有这首歌的传唱，也不会有我的今天。

记者：您曾说，很感激改革开放，让您与《乡恋》在坎坷中成长，虽然历经磨难，却终于走上光明大道。改革开放为您的艺术创作带来哪些机遇？

李谷一：改革开放让文艺工作者如沐春风，解放了思想，同时明确了艺术创作方向。歌唱必须要坚持一个原则：动机与效果统一。文艺工作者是为国家、社会和人民创作，遵循"真善美"的原则释放情感，这一点绝不可以脱离。

歌唱，不仅要寓乐于教，予人思考；也要陶冶情操、浸润人心。文艺创作是有温度的，要以人为本、扎根生活，以作品折射时代、用歌声鼓舞人心，这是每一位文艺工作者的责任和使命。

"每一年我唱《难忘今宵》，所期盼的都不一样"

记者：1984年，您在春晚舞台上演唱的《难忘今宵》传唱至今。今年春晚舞台上，再次唱起这首歌，您的心情有何不同？

李谷一：第一次演唱《难忘今宵》，更多的是期盼的情感，盼望国家尽快从贫穷落后走向繁荣富强，让百姓过上好日子。随着综合国力的提升，我见证了国家的快速发展。我记得最早去广州，看到一座立交桥，当时觉得很

※ 李谷一家中所挂《难忘今宵》作品

新奇；可没过多久，全国遍地都有了高速公路，立交桥不断翻新，铁路、高铁等飞速发展，城市面貌焕然一新。这时候再唱起这首歌，看到的是国家的惊人变化，心中感到无比的激动与自豪。每一年唱《难忘今宵》，我所期盼的都不一样。其实，这首歌不单单属于我个人，也属于观众和春晚这个舞台。虽然有时，并不是我一人

※ 著名歌唱家李谷一现场演唱《难忘今宵》

演唱，但我能成为首唱，并一直与这首歌产生联系，我感到特别
荣幸。

回首 35 届春晚，《难忘今宵》用了三十二年，甚至成为春晚舞
台主题曲的标志，听不到这首歌，观众会觉得晚会没有结束，不够
圆满。春晚演出后台，有一位灯光师傅，每年他作为幕后工作人
员，要依据节目单听调子、配灯光。有次他对我说，每次《难忘今
宵》这首歌响起，心里就感到平静，因为这意味着晚会即将落幕，
他的工作也顺利完成了。质朴的话语、憨厚的微笑，印在我的心
上，让我至今印象深刻。每一次的演出，背后都藏着许多难忘的故
事，演唱时会不自觉地把这些情感融入其中，今年也是如此。

我有一个心愿，今年是改革开放四十年，《难忘今宵》这首歌
在春晚舞台用了三十二年，希望音乐界同仁能够拥有奋起直追的力
量，写出一首超过《难忘今宵》的曲子，或许它可以叫《今宵难忘》。
前四十年是《难忘今宵》，期待后四十年有一曲《今宵难忘》出现。

"我们的文化自信，一定有我们中国语言的自信"

记者：您的许多作品，比如《我和我的祖国》《难忘今宵》《妹
妹找哥泪花流》等一系列耳熟能详、家喻户晓的歌曲成为反复
播出的经典之作，您认为这些作品的成功秘诀是什么？

李谷一：得益于改革开放的好时代。改革开放迎来了文艺创作
的春天，开放的思想、包容的创作环境激发了艺术创作者前所未有
的激情；演唱者也释放了压抑已久的情感，调动多种演唱方式，作
品风格日趋多元。改革开放使得整个文艺舞台丰盈充溢，如一针强
心剂，坚定着文艺工作者的心。

记者：您认为，经典作品有哪些评判标准？

李谷一：经典作品首先体现于思想性。音乐作品创作要符合时

代的精神要求，具备"真善美"的思想境界。这就要求作品具有艺术性，能够满足不同审美层次观众的需要，从中释放音乐的魅力，能够做到这一点，绝非易事。其次，是群众性，经典文艺作品都是家喻户晓、喜闻乐见的。除此之外，就是实践性。经典作品要经得起时间的考验，改革开放四十年的时代浪潮，文艺作品不断更迭，那些最终被留下、深受老百姓喜爱的作品，就是经典作品。

记者：近年来，您频频与年轻人合作，甘愿给年轻人做绿叶，鼓励年轻人去创新，对于中国流行音乐的未来发展，您有怎样的看法？

李谷一：将流行音乐的发展放入整个乐坛来看，目前的发展不够平衡。今天发展到改革开放四十年这个节点，我认为模仿的阶段可能要结束了，现在的文艺创作更多需要沉淀，文艺创作者应该思考和审视，创作出更多符合国情和国民的"高精尖"作品。

习近平总书记强调，我们要坚持文化自信，对中国传统文化要继承发扬。其实，我们本民族的音乐就很好，我们应该写出更多经典的中国流行音乐，我们的文化自信，一定有我们中国语言的自信。

我不赞成在中文歌曲中加入英文演唱，我们的母语不应该随意用其他外来语代替，这是我从艺多年一直呼吁的，是我的一点期望。当然，中国的音乐人到国外去演唱，可以把它翻译成外文，从而让外国人更加立体生动地了解中国，这是好的。我并不排斥外语，它作为我们与外界交流的一种工具，开阔了我们的眼界，但交流的最终目的是对外展示中国风貌。我们的音乐人要有意识地用中国的语言、中国的文化来创作我们的作品，并走向世界，这就是我们语言的自信。

记者：您曾经说过"让学生一定学家乡戏"，您的作品戏歌

《故乡是北京》也在去年登上了央视的《中国戏歌》节目，您如何看待传统文化与流行文化结合的问题？

李谷一：戏歌是我90年代初提出的概念。戏曲和歌唱在表演领域中是两个不同的类型和分支，我们精心地把戏曲、歌唱栽培嫁接起来，形成的一种特别富有民族特色的声乐作品，就是戏歌。戏歌一定是歌唱演员来唱它，而不是戏曲演员唱。我们在演唱时，将戏曲演员的表演手法融在歌里，与戏曲有所区别。

我是湖南花鼓戏演员出身，将戏曲元素糅进音乐，这种方式在我的作品里比较常见。记得唱《浏阳河》的时候，我特别强调有几个湖南方言音是不能改的。这些字句带有浓郁的地方风格特点，一出口，就具辨识度。戏歌通过吸收戏曲元素，谱成新的歌曲用以舞台方式呈现，这是对中国传统文化的独特传承。倘若我们不去发现、创作和演绎，它很有可能被时间遗落，这将会是遗憾。

记者：所以说，是歌曲的形式让它有了新的生命力。

李谷一：没错，有了新的生命力，它才能生长和延续。我总是告诉自己的学生们，要多去学习一些自己的家乡戏，哪怕只有一小段也行。这是对自己家乡的保护和宣传，也是对于传统文化的保护与传承。如何以文艺助力，更好地满足人民群众不同层次的精神文化需要，这是国家对文艺工作者的期盼，更是我们一生要去思考与树立的责任意识。只有这样，我们的文艺发展，才有开阔多元的前途。我们拥有几千年的文化、几百种民歌和戏曲，如果我们能够扎根于这片浩瀚汪洋的文化大海，踏实、灵活地学习运用，还愁创作不出好的作品吗？我觉得一定会的。

"艺术道路上的高峰在前面，并非在脚下"

记者：近些年，您帮助挖掘过大量的后起之秀，比如您和霍尊合作的《一念花开》等。您觉得，成为一名优秀的歌手，最重要的是什么？

李谷一：能够成为大家喜爱的歌手很重要，前提是要具有出类拔萃的业务条件。舞台魅力对于演员来说，非常重要，有一些演员一上舞台就招人喜欢，这是天生的舞台魅力。当然，也有很多演员是通过思想和专业业务的提高，被观众接受和喜欢，这些都是优秀的演员和歌手。

霍尊的嗓音条件、唱法运用、对歌词的处理包括外形等方面，都别具一格。《卷珠帘》这首歌，对歌唱者唱腔的要求非常细腻，其他歌手需要花很多时间来调试把握的部分，他却处理得游刃有余，这就是他的不可替代性。优秀的歌唱演员都是在经历了时间的磨砺和痛苦的锤炼中，才能百炼成钢。此外，音乐同行的支持也同样重要，这些帮扶会助力歌唱达到一定高度。

我从艺五十多年了，自认为艺术并不精湛。艺术是没有止境的，我们可能会在某一时刻感觉到达了一个小峰顶，实际回头看，又是平地了。艺术道路上的高峰永远在前面，并非在我们脚下。

记者：您一路走来，虽然已有很多经典作品，但依然坚持创新。这几年，您和台湾音乐人小虫合作，推出不少新歌，像《龙文》等歌曲，您的感受如何？

李谷一：我记得合作过四首歌，开心之余，心生感谢。与小虫的合作，开拓了我声乐艺术的另一维度。过去，我主要是运用高声部和中高声部演唱，几乎不会涉及到中低声部。在这几首歌的演唱中，我开始尝试进行中低声部的运用和控制，录制前我十分紧张，毕竟年岁不比从前，身体素质、嗓音状态等都有所下降。出乎意料的是，演唱效果都还不错，这连我自己都感到惊讶。音乐表演要勇敢尝试，敢于跨界才能出新，同时也要敢于"试错"，总有一刻，你会挖掘出未知的潜力，它会成为你的核心竞争力。

记者：回顾您五十七年的歌唱生涯，您觉得音乐对您来说意味着什么？

李谷一：改革开放这四十年，我们也老了四十岁，从青壮年到老年的过程很快，回想自己从艺这五十七年，也算走过了一条漫长、艰苦而坎坷的艺术道路吧！音乐，是我人生的第二生命。我的工作、我的艺术追求与歌唱就是我艺术生命的全部。它们是一直伴随我走过这么多年的动力，这种感觉可能一直到我生命的结束也不会忘掉和丢掉，我会不断探索与创新。

我希望在下一个四十年，国家变得更好、更富强；我们的艺术道路越走越顺畅，创作力量越来越强，人才辈出，好作品不断。对此，我充满期待！

※ 人民网采访李谷一视频

|记者手记|

李谷一：青山在　人未老　歌犹新

8月初在宁夏的采访途中，意外错过了李谷一老师打来的电话。我赶紧回拨过去，进一步沟通采访。"你先安心出差吧，回来后我们再联系！"五分钟后，李谷一老师短信发来她的微信号，于是我们成了"好友"。

回京后，我第一时间将采访提纲发给李谷一老师，她很快回复——

"我看到了，明天打印出来。谢谢！"

"不知你们几个人来，有没有补光？家里的灯光可能不行。"

"采访前咱们可以先交流一下，要带好补助灯光，这是很重要的哦！"

"你们到时候开车来吗？到时可以把车停在小区门口，和门岗说来采访就行。"

……

想不到平日里性格直爽、快人快语的李谷一老师，生活中如此细致周到，让人心里暖暖的。

8月末的午后，炎炎暑退，秋风习习，我们如约来到李谷一老师家中。

客厅里花木茂盛，绿意盎然，房间正中间摆放着一架黑色钢琴。餐桌上搁着几张大纸，我走近一看，原来是用大号字体打印的

※ 李谷一为网友题写寄语

采访提纲。

"收到你们的提纲后，我就用大号字体打印出来，这几天一直在做准备呢。"老艺术家的认真与敬业，让我们心生敬意。

"你们看，在客厅哪个位置采访合适呢？"从艺五十余年，李谷一仍"湘"音未改，让同是湘妹子的我，顿时多了一份亲切。"把这棵树往后放，椅子再挪前面一点。"李谷一一边看看摄像机里的镜头，一边和我们一起布置采访现场。

精致的盘发，蓝白色渐变的真丝旗袍，脚踏白色高跟凉拖，眼前的李谷一老师，声音清脆，身姿挺拔，步态轻盈，清新中自带婉约，优雅中透着时尚，一点也不像已是古稀之年。

"你的身影，你的歌声，永远印在我的心中。昨天虽已消逝，分别难相逢，怎能忘记，你的一片深情……"提起这首熟悉的《乡恋》，李谷一不由自主地哼唱起来，思绪又回到了那个难忘的年代——

1979年12月21日，35岁的李谷一录制了《乡恋》。"这首歌跟过去唱的抒情歌曲不一样，声音很甜美，唱的时候如泣如诉，娓娓道来，充满着柔情。"

为了让我能够更好地理解，她说着说着就唱起来："你的声音，你的歌声……"边解释道：有的歌唱的时候用"全气"，有的用"半气"。

然而，正是这种"不一样"的气声技巧唱法，使得《乡恋》在长达两年的时间里被批为"靡靡之音"，李谷一也被扣上"黄色歌女"的帽子。煎熬持续了三年，直到1983年首届央视春晚上，迫于大量观众来电要求，《乡恋》成为李谷一当晚演唱的第9首歌曲。自此，《乡恋》演唱变得名正言顺，被称为内地流行音乐开启的标志。

数十年后的今天，回忆起这段经历，李谷一感慨，当时她全凭一股湘妹子的倔强劲撑着。

"幸亏是改革开放，否则这首歌就被一锤子打死了。"回首40年前的风起云涌，李谷一感慨万千："如果不是改革开放，我不会用这样的方式去唱这首歌，词曲作家也不可能这么去创作。改革开放之初，群众文化生活单调，大家希望看到更多更好的文艺作品，听到更加多样和优美的歌曲。正是在这样的背景下，《乡恋》应运而生，在形式和风格上进行了大胆创新，更加真切地表达了人的感情，给人耳目一新的感觉。因此，深受广大人民群众的欢迎。"

随后第二年，1984年春晚舞台上，李谷一唱了6首歌，其中之一是保留至今的"最后一曲"——《难忘今宵》。

"改革开放四十年，35届春晚，《难忘今宵》用了32届。"虽然在春晚舞台上唱了多次，但李谷一从未觉得唱腻过："每年祖国都有新进步，改革开放40年来，高楼林立，高速铁路发展突飞猛进，人们生活日新月异，虽然每次唱的形式和人可能不一样，但这首歌都表达了大家对祖国美好的祝福和期盼。"

其实，不只是《乡恋》《难忘今宵》，《绒花》《妹妹我哥泪花流》《心中的玫瑰》《边疆的泉水清又纯》……李谷一的歌声影响了几代人。从艺五十余年，她演唱的歌曲经久不衰，诚如著名词作家乔羽所言："李谷一用歌声覆盖了一个时期，她是新民歌的代表人物，

※ 李谷一为网友题写寄语

是一个历史时期的代表。"

今年 10 月 18 日，李谷一还将携她的学生们亮相北京北展剧场，用歌声献礼改革开放四十年。演唱会将由她的学生以"串串烧"的形式，再次呈现《乡恋》《我和我的祖国》等一大批耳熟能详的影视歌曲。

夏日的阳光透过阳台的落地窗静静倾洒进来，屋子里满是回忆的味道。

采访完，李谷一兴之所至，又一次拿起话筒，满怀深情地为我们清唱了一段《难忘今宵》：

"难忘今宵，难忘今宵，无论天涯与海角……明年春来再相邀，青山在人未老、人未老，共祝愿祖国好、祖国好……"

悠扬的旋律，在屋子里回荡；动情的演唱，让人沉醉其中。从这美妙的歌声里，仿佛让人看到了祖国四十年来繁荣昌盛的勃勃景象，看到了今天国人们奋斗并幸福着的美好生活……

王晓棠：
艺无止境　谦者为胜

　　王晓棠，国家一级演员，电影艺术家。1934 年出生，八一电影制片厂原厂长，少将军衔，新中国 22 大电影明星之一。代表作品：《神秘的旅伴》《边寨烽火》《英雄虎胆》《海鹰》《鄂尔多斯风暴》《野火春风斗古城》等。1982 年她自编、自导、自演影片《翔》。担任编导的影片有《老乡》《追踪李国安》《芬芳誓言》，主持创作、拍摄《大转折》《大进军》系列军事片。2005 年获国家突出贡献电影艺术家奖。2015 年获中国电影金鸡奖终身成就电影艺术家称号。

京城的秋初午后，在八一电影制片厂，84 岁的电影表演艺术家王晓棠健步迈入办公室。"欢迎你们的到来！"她亲切地与每位工作人员握手，笑容和善，精神矍铄，眉宇间透着大将风范。

1962 年，王晓棠当选新中国 22 大电影明星之一。她先后出演电影《神秘的旅伴》《英雄虎胆》《海鹰》等，并因在《野火春风斗古城》中一人分饰金环、银环，荣获 1964 年第三届"百花奖"最佳女主角奖。改革开放后，王晓棠自编自导《翔》《老乡》《芬芳誓言》等。90 年代任八一电影制片厂厂长，其间鸿篇巨制不断，为中国军事电影添上浓墨重彩的一笔。

作为中国电影界第一位女将军，王晓棠曾说："我这辈子就做一件事：回报人民！"改革开放四十年，记者专访王晓棠，见证老一辈电影人以一部部经典作品，记录时代跳动的脉搏，聆听人民真切的心声。

"我的作品要使人向往光明、追求希望"

记者：60 年前，严寄洲导演的《英雄虎胆》正式上映，很多人从中第一次认识了您——漂亮的"女特务"阿兰。即使是负面角色，您的"反戏正演"也让当时的观众留下了深刻印象。

王晓棠：当时，人们对负面形象存在有"非黑即白"的绝对化认识。演阿兰之前，有同志劝我："那是个女特务的角色，你不要演。"但是在看了剧本后，我感到阿兰并非是脸谱化人物，她有自己的灵魂和追求。在表演中，我将天真深埋在淡漠的举止里，把活泼掩盖在妖娆的心态中。因为这个角色应塑造得复杂而深刻，表演的魅力正是在于将人物的神魄真实又生动地呈现在观众面前。

记者：1963年，严寄洲导演选定您拍摄《野火春风斗古城》。一经上映，好评如潮。一时间"男看王心刚，女看王晓棠"在观众中广为流传。在拍摄之前您设想过影片的成功吗？

王晓棠：在《野火春风斗古城》定下我演姐妹俩后，很多人不看好我演金环。影片姐妹相貌完全一样，但是姐姐金环刚毅敏锐，妹妹银环温厚文静。当时在八一厂，连排队打饭时人们都在讨论我能不能同时演好两个角色。因为之前我扮演的《神秘的旅伴》的小黎英、《边寨烽火》的玛诺、《英雄虎胆》的阿兰都是以纯洁或娇柔的形象示人，所以大多数人认为我只能演好银环。但只有两个人认为我能够同时演好金环和银环——严寄洲和王晓棠，只有两票。所以我要双倍地用功。

记者：不凭造型，更凭演技，面对这一挑战，想必有不小的心理压力。

王晓棠：是的。我有个特点：在顺境中，慎思实干；在逆境中，挺胸前行；在绝境中会说：我是最棒的。一往直前，永不言败，直到胜利。

对这两个角色，我熟读小说至倒背如流，在跟编剧李英儒讨论剧本时，我说您看一下第246页，结果李英儒还得一点点翻书。当时我的语音老师是实验语音学家周殿福先生。在我熟谙了姐妹俩的

※ 王晓棠工作室摆放的奖杯

台词后，我用小提琴定音器测试发音，金环和银环的音高相差五度。音色、音强、语流上也完全不同。我坚持每天清晨交替练习，直到能在瞬息之间转变人物的声音。演员对角色把握了 12 分，表现出来只有七八分。后来编剧李英儒对严导演说："这片子要不是王晓棠演就不是这个样子了。"

记 者：1964 年，您凭借《野火春风斗古城》高票当选"百花奖"最佳女主角，这对"谍报双姝"成为广大观众津津乐道的经典角色，您之前的辛苦付出也得到了认可与回报。

王晓棠：获奖是观众对我的认可，也是对我的鞭策——即使获了奖，仍有可以演得更好的地方。影片拍成后，内部谈论时，当时一位副厂长和本片的制片主任，还有演关敬陶的王润身，认为金环演得好；王心刚、李英儒等人认为银环演得好。我只好坐在一旁笑，因为在我的笔记上，两个角色都有演得不好的地方。后来《电影艺术》杂志约我写文章，在近两万字的文字里，我绝大部分是对自己表演不足的反思。

记 者：今年七月，您写了纪念严寄洲导演的文章，非常感人。文中说他是您的电影表演生涯中重要的两位导演之一，他对您产生了怎样的影响？

王晓棠：严寄洲导演的善纳群言和泰然的行事气度、谦和的自省力铸成他宝贵的品质，而且他鼓励演员参与创作。《野火春风斗古城》文学剧本里"姐妹相见"的台词有整整两页，我告诉他，太啰唆了，他说，你改。我把这场戏全变成行为，台词只精炼成三个字："老地方"。严寄洲导演对姐妹之间的乍见全凭眼神交流大为赞赏。这样的例子很多。艺无涯、谦者胜的观念一直伴随着我。

记者：从《神秘的旅伴》的小黎英，到《海鹰》女民兵玉芬，再到《野火春风斗古城》的金环与银环，您在银幕上塑造无数美丽而生动的形象。在诸多角色中，您最喜爱的角色是哪一个？

王晓棠：每一个付出百分之百努力的角色都是我最喜欢的。因为我始终坚信，百分之百的努力也未必成功，即使不成功也要百分之百的努力。重要的是，你要越演越好。即或是波浪式的前进，也要永走一条箭头向上的路。我是军人，在我的一生中，不论是做演员、导演还是厂长，推出的作品，一定都是能够催人奋进、引人向上、蕴含美好与奋斗精神的。电影人要拍使人向往光明、追求希望的电影。

"电影人的使命是用作品推动改革开放的步伐"

记者：改革开放后，人们欣喜地盼到了您的回归。1982年，您推出自导自演的电影《翔》。当身份转变为导演时，您有怎样的感受？

王晓棠：改革开放初期文艺创作是探索前行的过程，我们始终保持着探索创新的勇气。只有始终保持一股冲劲、拼劲、韧劲，才能跨过艰难险阻，迎来最终胜利。《翔》是在改革开放初期的思想交锋中艰难而顽强地成长起来的。《翔》讲述了归国华侨的经历。当时很多人思想还固执着。但是我和我的战友们坚信这反映人民心声的方向是正确的。经过极为复杂的拼搏，最后在很多人的支持下，上映并成功达到目的。

《翔》的成功，让我感受到改革开放不仅是我个人的探索，更是全社会在发展道路上的探索。改革开放对我而言是非常亲切的，因为它武装了我的思想，让我坚信：只要方向正确，就要战胜一切困难！

记者：1986 年，您又执导了关注老区人民生活的电影《老乡》。为何选择这一题材？

王晓棠：全国胜利之后不能忘了老区人民。《老乡》取材于洪泽湖，那里有很多老一辈无产阶级革命家的精彩战斗故事。我六次只身一人，坐火车到南京，坐汽车到淮安，再坐船到洪泽湖。穿着布衣布鞋，戴顶草帽，深扎进渔民、百姓之中，了解民情民意和疾苦。后来只要我到洪泽湖上，人们不说王导演"来了"，而是说王导演"回来了"。能成为当地人的一员，我觉得挺棒的！

改革开放是重大的思想解放。这种解放并不是一蹴而就的，作为文艺工作者，我们的使命就是用一部部作品去推动改革开放的步伐。国家对文艺事业的关心和支持，更使我清晰地认识到振兴电影艺术的使命和责任。不仅"身入"，更要"心入""情入"，与人民面对面，与人民心贴心，才能创作出真正以人民为中心的文艺作品。

记者：1988 年，您就任八一厂副厂长，1992 年晋升为厂长，期间八一厂推出《大转折》《大进军》等值得载入中国电影史册的鸿篇巨制。您是如何带领这样一个有着重要地位的电影制片厂呢？

王晓棠：我觉得自己是换了一个岗位来回报人民。八一电影制片厂是中国唯一的军队电影制片厂。在我入伍的 66 年来，部队对我影响最大的就是永远要走一条箭头向上的路。因为我们是人民子弟兵，职责就是要保卫人民，使人民的生活更好。

八一厂是以军教片、纪录片起家的，拍了许多好片子。而《大转折》（上、下）、《大进军》四部八集，加之先前摄制的《大决战》三部六集，拍摄这些规模宏大的电影是八一厂的大战役。在军委和总部的直接领导下，八一厂的职责就是要推出革命历史题材电影的鸿篇巨制，成为生动形象的军史、党史。它们承载了中华民族共同的理想信念与精神追求，能够凝聚中华儿女的爱国情感，担起记录历史的郑重责任。一个国家的军事题材电影反映出的是一以贯之的民族之魂，饱含爱国深情的电影能够切实增强国人的底气和骨气。

记者：改革开放不仅推动了军事题材电影的繁荣发展，也促进了八一电影制片厂管理层面的改进和完善。

王晓棠：改革开放是在发现与解决问题的过程中坚定时代发展的新方向。军队影视制作单位以坚定的决心，去推进自身的体制改革和机制创新。而机制的创新，归根结底就是 8 个字：人尽其能，物尽其用。之前电影是拍完之后审查、补拍。我上任副厂长后定了新的规矩——随时拍、随时看、随时补。夜里几点洗印完胶片几点看片，看完马上开会讨论，各中基层审片的领导不能说奉承话，直接提问题，之后摄制组迅速补拍。这套制度一直沿用至今，为众多大片的拍摄节省了时间、物力、人力。高效盘活资源，发挥最大效能，这也是在见证改革开放一线成果之后，我对厂务管理的新认识。

记者：在八一厂的员工心中，对您印象最深的角色是哪一个？是知名的演员、编剧、导演还是厂长？

王晓棠：更多时候大家把我当成一个很好的朋友。我下任很多年，但现在和厂里人的关系仍然很好。我始终认可一句话：干部要有一双最严厉又最亲切的眼睛。要诚心全力帮助他人，成就他人。弥补缺点，改正不足是为了成就他。而有了问题要首先担当责任。成绩属于大家和他人。当人们获奖时，他在台上领奖，我在底下鼓掌，在丛中笑，我就是这样的角色。

记者：2001 年，您导演的台商题材电影《芬芳誓言》荣获了《大众电影》百花奖的最佳影片奖和中国电影金鸡奖的最佳编剧奖。可以看到，您的作品始终离不开人民。是怎样的动力，能够推动您一直扎根人民、与人民紧紧绑在一起？

王晓棠：我曾经说过，我这辈子就做一件事：回报人民。因为"我受了人民涌泉的恩惠，竭尽心力，也只能是滴水之报"。这是我自编自导自演的《翔》中，女主人公说的话，也是我的心声。

我在林场劳动时，有一对夫妻从门缝给我塞进一封信，说要分一个人的工资和粮票给我，希望我保重身体，将来再给观众演电影。我没有接受他们的工资和粮票，但是观众对我的这份恩情，我一辈子都忘不了。还有一次，我从林场来北京递材料，末班火车就要开了，检票员冲着站台上的列车员高喊"让王晓棠上车，她是来落实政策的"。后来上了车，有很多观众对我说："你好好的，将来再拍电影！"那时我就想，以前总说做人民的好演员，而现在我才切实感受到，这就是我的人民。他们是十分具体的、可感的、是温暖的。如果有一天我能回八一厂，我就做一件事——回报人民。

"演员不要千人一面，而要一人千面"

记者：您始终对电影秉持精益求精的态度，能够扮演如此丰富且出彩的电影形象，您的秘诀是什么？

王晓棠：演员的表演能力是有极限的，但是要尽自己最大的可能，不要千人一面，而要一人千面。1959 年，赵丹老师扮演了林则徐，同时又在《聂耳》一片中扮演 19 岁的音乐家聂耳。从清朝大臣到青年才俊，这种游刃有余的表演功底反映出他极深的文化底蕴，也是我一生追求的艺术境界。

如果非要说有什么秘诀，我自认读书是对我最有益的。小时候总见父亲捧着一本书，使我相信书肯定是非常好的东西。抗日战争爆发后，我家从河南开封迁到重庆。家里很多好东西都送人了，但是书全部放在柳条包里一直带着。受到家庭的影响，从小我就愿意认字、读书，小学二三年级时就抱着字典读《红楼梦》《三国》《家》《春》《秋》《傲慢与偏见》《浮士德》等。在青岛拍《海鹰》时，我带着刊载小说《野火春风斗古城》的大本杂志。白天拍戏，晚上在走廊上的路灯底下看它。直到现在，我始终保持阅读的习惯。阅读不仅增添了我的文化底蕴，而且促使我始终与时代脉搏保持一致。

记者：从 1952 年参军后，您成为全军电影界第一位女将军，参军已有 66 年，在您看来，部队生活对您的电影创作带来什么影响？

王晓棠：军人的精神就是凡事不惧艰苦，迎难而上，直到成功。都说苦难是一笔财富，可是超越苦难并非易事。不论身处顺境或逆境，要坚信天下难事，必作于易；天下大事，必作于细。伟大必经平凡，辉煌必历艰难。我始终秉持一个信念：人应该有灵魂，应该有本事，应该有血性，应该有品德。

记者：您的战友曾经评价您："绝顶美丽从不倚仗美丽，绝顶聪明从不自恃聪明。"您如何看待这样的评价？

王晓棠：生而不有，为而不恃，功成而弗居。一个文艺工作者在事业有成、看似前途一片光明的时候，仍然需要很清醒地认识自己，我王晓棠永远不会忘记最初的自己。1955 年，在竞争《神秘的旅伴》小黎英一角时，我准备了一个小笔记本，记录下每场戏的每个细节，遇见好的演员就谦虚请教："我没有演过电影，请你告诉我演电影应该注意什么"。即使后来这部片子打响了，我依然在话剧团给大戏管化妆、洗纱布。因为我觉得，我还有很远的路要走，而善良和谦虚永是立身的两种品德。

记者：今天，随着时代的进步与发展，影视行业出现了很多新的变化。您如何看待这种变化？

王晓棠：影视事业无论发生怎样翻天覆地的变化，有的东西不能变。比如严于律己，爱国爱民，追求真善美的艺术品德、精益求精的敬业精神等，我们呵护这个产业，就应该身体力行这些宝贵的品格。因为德是立身之本，艺是事业之基。文艺工作者以提高人民精神境界、培育人民高尚灵魂为己任，首先要自己有这样的境界、灵魂。

我想，人间总是有比金钱更可贵的真朴之情。这正是我们想通过作品表达的。以人民为本，为人民书写、抒怀，振奋民族精神，这是文艺创作的本质。我曾说过："有人说演员的最大幸福是获得鲜花和金奖。而我认为演员最大幸福是和人民相思难忘"。

※ 人民网采访王晓棠视频

当兵演兵带兵　84 岁王晓棠的美丽人生

经过多方联系，秋初的午后，我们来到八一电影制片厂，探访新中国"二十二大电影明星"之一、八一电影制片厂原厂长、著名电影表演艺术家王晓棠。

在厂门口等候了片刻，担心我们带着摄像器材不便，晓棠老师特意派车来接我们。一墙之隔，厂外紧邻的小街上车水马龙，厂内宁静的小路绿树成荫，阳光透过叶子的枝丫静洒下来。车在一幢普通的平房前停下。

走进工作室，茶几上已摆好矿泉水。正当我们布置着，84 岁的王晓棠身着一袭白衣绿裙，翩然而至，一进门就跟我们亲切握手，微笑间露出她招牌式的酒窝。

齐耳的黑发，俏皮的发箍，一双明亮的大眼睛依然深沉清澈，让人不禁联想到《野火春风斗古城》里银环的模样。岁月未曾抹去她的美丽，反而使晓棠老师身上更添了一分优雅从容之美，这种美，不仅芬芳了自己，也感染着身边的人。

"你们的提纲我看了，是你们一个个问题问，还是我按自己思路顺着说？"晓棠老师笑得灿然，十分随和。

"天—下—大—事，必—成—于—细。"她一字一顿说出八个字，书卷气中散发着军人的飒爽英姿。

事实上，不管是 18 岁入伍当兵，还是后来当电影演员、导演、到八一电影片厂厂长、女将军，在当兵、演兵和带兵的"人生三部曲"中，这八个字成为她一生的追求，贯穿其军旅生涯。

她是谦虚勤奋的明星，肯下常人不肯下的苦功。

《神秘的旅伴》中的小黎英，《野火春风斗古城》中的金环、银环，《英雄虎胆》中的女特务阿兰……王晓棠在14部电影里成功扮演了15个角色，自己最喜欢的是哪个？

晓棠老师沉思片刻："演过的每个角色，我都百分百努力过，都喜欢。最难忘、下功夫最大的还是《斗古城》里的金环、银环。"

"当年我把这部小说倒背如流，研讨剧本时，小说多少页银环说了什么，我比导演编剧还熟悉，小说里夹着很多我写的小纸条。"

为了演好这部电影，王晓棠表现出了"创作型演员"的特质。她与导演严寄洲切磋剧本，亲自重写了七八场重场戏："姐妹两次相见""银环夜访""金环牺牲"……严寄洲都采用了王晓棠写的戏，效果很好，《斗古城》也成为王晓棠电影表演事业的里程碑。

"干什么都要十分认真，干就要干好。不能有一丝一毫马虎，哪怕是短暂的一个镜头、台词里的一个字儿。搞艺术，你付出千倍万倍的努力都未必成功，何况根本不努力。"晓棠老师坚定地说。

她是不服输的导演，为电影《翔》曾苦战五年。

1978年秋，经过十年沉入基层，再着戎装的王晓棠，展现了更高的才华：开始自编自导自演电影《翔》。电影讲述的是旅居国外的园艺学家蔡翩翩回到家乡、报效祖国的故事。

然而筹拍最初并不顺利，由于种种原因没有片厂敢投拍，王晓棠并未放弃，历经艰难，经过两年的周折，电影终由峨眉电影制片厂投拍。1983年，电影成功上映后，引发观看热潮。为《翔》苦战了五年的王晓棠，在八一厂全厂大会上受到嘉奖。

随后，在她的执导下，《老乡》《追踪李国安》《芬芳誓言》导演作品一一出世。其中，《芬芳誓言》获得了中宣部"五个一工程"奖、百花奖最佳影片奖和中国电影金鸡奖最佳编剧奖以及华表奖等奖项。

谈到这段经历，王晓棠如此总结："我有个特点：在顺境中，慎思实干；在逆境中，挺胸前行；在绝境时，告诉自己我是最棒的，一定能成功。"

她是以厂为家的厂长，定新规、树精品、严治厂。

1992年，担任八一厂厂长后，王晓棠定下新规：树精品"要讲究不将就"，每部电影样片，生产副厂长和各部门领导都要看，不许说奉承话，只准挑毛病，先后组织拍摄了《大转折》《大进军》、《解放大西北》、《鏖战鲁西南》、《挺进大别山》等一系列足可载入中国电影史册的战争巨片，带领八一厂创造了一个又一个辉煌。

18岁当兵，入伍半年荣立三等功；当演员"演兵"，成为家喻户晓的电影明星；当厂长"带兵"，指挥拍摄了一系列史诗巨片。

※ 王晓棠为人民网网友题写寄语

回顾王晓棠的传奇一生，她的付出，她的荣耀，虽然有艰辛，成就却是巨大的，几乎在人生的每一个重要节点都拥有值得让人赞佩的精彩，我们好奇地问：信仰源自哪？

"可能是我爱读书吧。"晓棠老师笑了笑说，受家庭熏陶，自幼酷爱文学，每次拍外景身边都会带书，"最近正在看《中国古典诗词大词典》。"

当晓棠老师拿起笔给网友题字时，她主动说起，曾两次参加人民网主办的活动，就连时间和细节也记得清清楚楚："一次是2009年人民最喜爱的艺术家颁奖活动；还有一次是2015年举办的习近平总书记文艺工作座谈会一周年文艺名家对话活动。"

两个多小时的采访，晓棠老师语言生动，一气呵成，神采飞扬。她丰富的阅历、坚强的个性、乐观的精神，深深感染着我们现场的每个人。

采访结束，晓棠老师主动送给我们每人一本她的画册《我是一个兵》，并一一问清楚我们每人的名字，认真地在画册上写下"给某某友存念。王晓棠。"

※ 王晓棠为人民网网友题写的寄语

采访完，已近晚上6点，暮色中我们依依惜别，晓棠老师坚持送我们上车，并亲自给我们关好车门。车已开动，晓棠老师挥动着手臂，目送我们远去，久久不曾离开……这温暖的一幕也将铭记在我们的脑海中。

陈爱莲：
时代的红舞鞋永不停歇

陈爱莲，舞蹈表演艺术家、教育家。1939年出生。代表作有舞剧《鱼美人》《红旗》《白毛女》《文成公主》《红楼梦》《牡丹亭》《繁漪》等，舞蹈《春江花月夜》《牧笛》《蛇舞》等。曾获文化部表演艺术一等奖、芬兰世界青年舞蹈比赛金质奖章等奖项。

当我们到达位于北京南郊的爱莲舞蹈学校时，陈爱莲已经开始练功了。踹燕、探海、旁腿侧身、踢紫金冠……我们在练功房外面静静看着她干净利落地将一个个动作完成，不禁暗自感叹，即使岁月流逝，但陈爱莲的身姿依然健美轻盈、充满活力。

在练功结束后，作为校长的陈爱莲有些放心不下刚开学后同学们的状态，特地去看了一下大家练习情况。看到同学们都在认真跟着老师学习动作，她才放心地接受我们的采访。专访中，谈到舞蹈术语时，陈爱莲伸出手在空中比画着，眼波流转，表情生动，透着舞者的灵性。

"她的舞蹈宛如春江的皓月，清澈透明；又如天边的云霓，艳丽飞扬……"被誉为"东方舞蹈女神"的陈爱莲在改革开放大潮中起舞弄影，不断地开拓着自己的艺术与事业，如同穿上了那双富有魔力的红舞鞋，伴着岁月时光舞个不停。在改革开放四十年之际，记者专访舞蹈家、教育家陈爱莲，在不懈的奋斗中，她谱写着艺术与人生的传奇。

"每一次上台表演都是再创作"

记者：改革开放后，文艺创作迎来第二个春天。您也如沐春风地追逐时代步伐，于 1980 年举办中国首个个人舞蹈晚会——《陈爱莲舞蹈晚会》。当时您是如何考虑的？办此晚会的初衷是什么？

陈爱莲：70 年代中期，我从部队农场劳动回来后，当时身体出现了问题，医生说是"过度训练"，我一心只想着将失去的时间补回来，结果发现自己根本没有体力，在排练厅里站都站不了。后来我认识到自己需要慢慢恢复，便减少不必要的体力消耗，并注意饮食、保证睡眠，在仔细调养之后，身体逐渐好转了。后来，我在电视上看到一位西班牙舞蹈演员在举办个人舞蹈专场，让我印象深刻，这是我头一次知道个人也可以开舞蹈专场，从此举办个人专场舞蹈晚会的念头也油然而生。

到了 1980 年，单位创排了一个新舞剧，全团唯独我没有工作任务。塞翁失马，焉知非福，我把那段时间看作是上天的恩赐，让我有空重新将专场演出的事情"捡起来"。为了晚会我一共排了十个节目，包含《春江花月夜》《文成公主》等经典作品以及三个新作品，除了保持艺术性之外，更要考虑观众的喜好，这并不是学术汇报演出，我是为观众服务的。

由于许多东西要亲自准备，演出当晚我带着大包小包，推着自行车走了近三站地儿，把它们运过去，在表演开始前就耗掉了部分体力，而晚会又是以独舞和双人舞为主，一曲舞毕就得立刻换装继续表演。当时身体刚刚复原，非常辛苦，但我还是咬着牙将演出完成。大幕落下之后，我就哭了，虽然疲惫，但也感到非常幸福。这次专场演出带给中国舞蹈界许多启发，因为新中国成立以来还没有过这种演出形式，大家觉得很新鲜，也很受欢迎。后来，专场演出还办到了上海、南京、深圳、香港，当时我也是内地第一位在香港开专场演出的舞蹈演员。

记者：一提到陈爱莲，观众想到最多的便是舞剧《红楼梦》，"闲静如娇花照水，行动如弱柳扶风"的林黛玉是观众心中的永恒经典。从上世纪80年代初您首次出演林黛玉，到今年演出已有七八百场了。那么多剧目，为何您对林黛玉这个角色情有独钟？

陈爱莲：从艺这么多年，我对自己演过的所有角色都有着同样的热爱，《红楼梦》之所以演得多，首先当然是观众对这部剧的认可。每部作品、每个角色，我都倾注了非常多的心血，经过不断的打磨、排练，才将它们搬上舞台与观众见面，《红楼梦》也不外如此。

记者：在1997年的时候，您选择复排《红楼梦》，当时为什么会做出复排《红楼梦》的决定？与原版的舞剧《红楼梦》对比又有哪些改动？

陈爱莲：下定决心复排《红楼梦》是1997年，当时正好赶上"中国国际歌剧舞剧年"，我拿到节目单后发现外国的剧目占比很高，本土的节目很少——我的民族情结一下子涌了出来，当即决定自己出资复排《红楼梦》。舞剧《红楼梦》是1981年的作品，要是原封不动地在今天继续表演，根本不可能。在复排期间，我就反复研读《红楼梦》原著，力求进一步理解原著精神，深入探寻林黛玉的灵魂。

直到今天，《红楼梦》已经演出过七百多场了，这么多年来，大的结构没有变化，我忠实地保留了基本的风格。但是，每一次上台表演都是对《红楼梦》的再创作，每一次重排，我都需要在作曲、舞美、编导上有所创新，要去适应时代的变化，考虑当下观众的审美需求，绝不是完全重复此前的内容。我不断提醒自己，虽然岁月不饶人，但舞台上的艺术生命可以延长，尤其是对经典舞剧的复

※ 舞蹈家陈爱莲指导学生练功

※ 舞蹈家陈爱莲清晨练功

排，每一次都要有新的突破。只要是我自己的动作，我都会重新审视一下，有时候小到双手摆放的位置这种细节我也会进行调整。时代在变化，观众的审美要求也在变化。很多冗长的部分都已经删掉了，原来的长度超过两个小时，现在是一小时四十分钟。一些表现得不够准确的地方，我也会想办法让它更贴合主题。

"用自己的行动为文化体制改革踏出一条路"

记者：上世纪 80 年代，您勇敢地做"第一个吃螃蟹的人"，停薪留职，成立了国内第一家民营艺术团。当时您是如何考虑的？

陈爱莲：上世纪 80 年代，改革开放的春风已经吹到了文化艺术领域，文化体制改革的浪潮也波及到了国家的直属院团，我个人认为只有改革才能有出路，才能让艺术得到发展。但很多人当时都不理解改革的必要性，还对我说"你说行，那你试试"。我当时虽然已经不年轻了，但还是"气盛"——既然大家都不愿意站出来，那让我试试就试试。

其实我心里是没底的，但是我认为中国文艺体制需要改革，预见改革后中国的文艺发展会有更加美好的未来，才做出了这个决定。作为第一个吃螃蟹的人，我跳入了"前途未卜"的文艺市场之中，希望能用自己的实际行动为文化体制改革踏出一条路来。很多人当时还等着看我的笑话，认为我一年半载之后肯定就灰溜溜地回来了，肯定会失败。结果艺术团获得了第一桶金，并且一直发展到今天。

记者：作为新中国第一批科班出身的舞蹈演员，您格外注重艺术的传承。1995 年，您投资创办中国第一所民办舞蹈学校，亲自授课、培养舞蹈人才。

※ 爱莲舞蹈学校墙上所挂的演出照片

陈爱莲：在 1995 年的全国政协会议上，国家领导人关于发展职业教育的讲话深深触动了我，联想到自己的从艺经历，办学的念头油然而生。为了将学校建起来，我倾尽所有，将所有值钱的东西都变卖了，没有用国家一分钱。

学校建成、开始招生之后，每天除了处理大量繁杂的行政事务外，我还要授课。我把多年的舞台实践经验编成教材，传授给学生。有人说医者父母心，我觉得师者也是父母心。前不久的教师大会上，我对学校里所有的教职工说，要推己及人，把每个学生当作自己的孩子——道理很简单，你自己的孩子如果上学，你希望学校的老师怎样培养你的孩子、你就怎么样培养我们学校里的孩子。

记者：爱莲舞蹈学校的校训是"立德、敬业、求实、创新"，为什么会选择这四个词作为学校的校训？

陈爱莲：办学不是做生意，不能一味地追求经济利益，要教给学生真正的舞蹈技能和做人道理，使他们能够为社会做贡献，这才是最重要的。"立德、敬业、求实、创新"是我 23 年前亲手写下的校训，但在今天仍有现实意义。当下，我们有非常优秀的年轻演员，他们的舞蹈技能非常棒，但有些舞蹈演员妄自菲薄，只看到西方舞蹈的好，对我们博大精深的传统文化缺乏认识。我们学校建起了图书馆，希望同学们在练习之余多花些时间去读书，学习中华传统文化，将优秀传统文化之美融入舞蹈之中。

此外，还有些人一味追求标新立异，过分标新立异、一味"为新而新"就成了"怪"。我们谈发展，谈创新，都要在传承基础之上，否则就是"无源之水，无本之木"。所以我希望孩子们在我这儿能有更好的学习环境，真正做到"立德敬业，求实创新"。

"改革开放延长了我的艺术生命"

记者：从成立自负盈亏的艺术团到创办舞蹈学校，再到复排经典舞剧《红楼梦》，可以说改革开放激发了您的活力，让您为中国舞蹈艺术事业的发展做出了独特贡献。

陈爱莲：与其说激发了我的活力，不如说是我觉得我个人在新时代应该有所担当，最后我成功地向大家证明了，文艺体制改革这条路是走得通的。

在建立了艺术团、建立了舞蹈学校、有了自己的舞蹈班底之后，心里也一直有个愿望，就是将我们优秀的舞剧比如《文成公主》《小刀会》《牡丹亭》等等，将它们在自己剧团和学校里进行整理、创新，并传承下来，成为像柴可夫斯基的《天鹅湖》一样在世界舞台上的精品传世之作。此外，现在很多人觉得我们的创新做得不好，我认为是因为这些年大家对我国优秀的舞剧传承有所缺失，有所断层。没有创新就不能前进，但创新有一个非常重要的原则，就是必须在传承优秀传统的基础上，才能够创新，这样我们的创新之路才会走得更远。

记者：改革开放给您的艺术创作带来了哪些影响？

陈爱莲：如果没有改革开放，我可能还在中国歌剧舞剧院当一名舞蹈演员。而当一代又一代年轻演员进来之后，我的表演次数也会变少了。当然我也可以当老师，或者转型成为编导，冠上"艺术家"的头衔。但是，我正好赶上了改革开放的浪潮，在时代的需求之下，我成立了一个陈爱莲艺术团、一所爱莲舞蹈学校，现在回过头来看，我自己都感到不可思议。

改革开放让我有了另一方土地，将舞蹈艺术的种子播撒下去并细心耕耘，最终开花结果，延长了我的艺术生命。作为一名舞蹈演员，仅靠一个人的努力是无法在舞台上演出的，要有自己的团队。我70多岁还能在台上演出，就是因为有一支自己的队伍。

记者：您既是一名出色的舞蹈家，同时也是一位桃李满天下的教育家，能和我们分享一下您成功的秘诀吗？

陈爱莲：最重要的一点是要"干一行爱一行"，如果你爱上了一行，就会千方百计地想要做到最好。不忘初心、砥砺前行，在实现自己目标的途中，你会碰到很多困难和很多阻力。但是，人生就是要克服各种困难，才能继续前进，才能获得成功。为了克服困难，你会想出各种各样的办法，会竭尽全力去奋斗。如果觉得自己不够聪明，那就要更加勤奋，勤能补拙。只要有这样的态度，无论做什么都会成功。

记者：今年是您从艺66周年，作为新中国第一代舞蹈家，您跳了60多年。从《春江花月夜》到《霓裳羽衣舞》，从《牡丹亭》到《文成公主》，塑造了诸多舞剧经典形象。对您而言舞蹈意味着什么？这么多年坚持在舞蹈艺术一线的动力又从何而来？

陈爱莲：简单地说，它是一个"饭碗"，刚入行的时候还小，什么都不懂，就知道自己能靠舞蹈吃饭，将来学成之后能养活自己。直至后来舞蹈成了我的职业、我的事业，成为了我生命中不可分割的一个部分。有时候我可能不在台上跳舞，但是我在授艺、我在教学，同样也和舞蹈有关。可以说，如果没有舞蹈，我的生命就没有价值。

经常有人对我说，你年龄不小了，该闲下来了。但我觉得，我没有理由随便放弃，如今，我对舞蹈事业的热忱从未消减，还想复排经典剧目，还想创作新作品。虽然生命是父母给的，但是真正为我提供学习成长机会的是国家、是人民。我常对我的学生们说，有两个陈爱莲，一个是普通人的陈爱莲，一个是在舞蹈领域肩负着责任使命的陈爱莲，这种责任感和使命感一直指引着我跳好自己的舞蹈，生命不息、奋斗不止，今后我也希望能为中国舞蹈艺术做出更多的贡献。

※ 人民网采访陈爱莲视频

79岁陈爱莲：若有舞蹈藏于心
岁月从不败美人

从报社出发，往南驱车一小时，九时刚过，我们便来到位于北京大兴区的爱莲舞蹈学校。

初秋的校园，枝叶茂盛，循着乐声而去，一楼教室里，一群初中生模样的少男少女正在排练舞蹈，再往楼道里走，一位身着粉色练功服、脚蹬白色芭蕾舞鞋的舞者，独自在排练厅里练功，压腿、劈叉、下腰……每个动作轻松完成，一点也不含糊。

这轻盈的舞步、美妙的身姿，不禁让我们屏息凝神，沉浸其中。隔着玻璃窗仔细一瞧，我们不禁惊呼：原来是79岁的舞蹈家陈爱莲！

身旁的老师告诉我们，只要没有杂务纷扰，从早上八点到十点，陈爱莲每天雷打不动坚持练功两个小时，几十年不变，比年轻舞者还要刻苦。

采访就在她的排练厅进行。爱莲老师换下练功服，一身红裙翩翩而至，飘飘洒洒，神采奕奕地坐在我们眼前，虽已届耄耋之年，身上却有一种古典与时尚相连的美。

12岁开始学习舞蹈，至今66年，《鱼美人》《文成公主》《红楼梦》……陈爱莲几十年间演绎了很多经典作品，"命运让我爱上了舞蹈这条路，我要因爱而敬业。"

陈爱莲说起了一段 40 年前的往事。

1979 年，那年她 40 岁。为了争取大型舞剧《文成公主》的 A 角，陈爱莲突击训练，得了体育运动员才有的"过度训练症"，医生建议她疗养半年。

要强的她擦干眼泪，调整心态，自己给自己鼓劲，努力吃饭，日复一日勤奋练功。半年后，陈爱莲恢复健康，成功举办了中国首个个人舞蹈晚会——"陈爱莲舞蹈晚会"，那场晚会上，她不仅新创了三个节目：现代舞《梦归大陆》、傣族舞《水》和《西班牙双人舞》，还一人分饰多角，运用中国古典舞、芭蕾舞、中国民间舞等表现手法，塑造了古、今、中、外十个性格鲜明的女性形象，情舞并茂，赢得满堂喝彩。

这一切来得太不容易！当掌声响起、大幕拉上时，舞台上的陈爱莲终于忍不住流下了幸福的热泪："当时我真的撑不住了，有谁能想到，在冬天寒风里，每天上午我在剧院排练，然后推着自行车，拉着两个演出化妆箱，走三站地赶到天桥剧场演出。"

成功举办国内首个个人舞蹈晚会后，陈爱莲并未止步于此。自 1980 年以来，陈爱莲在祖国各地进行讲学和示范表演；1989 年，陈爱莲艺术团成立，陈爱莲任艺术总监和团长；1995 年，陈爱莲舞蹈学校成立，她既是校长又是教师，至今仍亲自授课和示范。

"建舞蹈艺术团，为的是把民族舞蹈带到全国各地，办舞蹈学校，为的是传承中华民族舞蹈艺术，培养舞蹈艺术表演未来专业人才。"陈爱莲掰着手指算了算："1995 年至今，大概有上千名学生从学校毕业，跳跃在他们人生的舞台。"

"教书先育人，这是我们学校的校训——立德、敬业、求实、创新。"陈爱莲认为，办学就是要教给学生真正的舞蹈技能和做人道理。

在陈爱莲的舞蹈生涯中，跳得最多的当属舞剧《红楼梦》了。"第一次演林黛玉是在 1981 年，那时我已经 42 岁。"首演非常圆满，当时有媒体评价陈爱莲是"活林黛玉"。1997 年，58 岁的陈爱莲再演林黛玉，为适应新的审美需求，她重新改编了这部作品，演出大获成功。

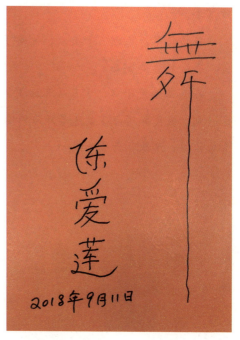

※ 舞蹈家陈爱莲为人民网网友题写寄语

每一次复排，都要有新的突破。"《红楼梦》已经演了八九百场，每次重排，我都会重读原著，每次都有新的发现和帮助。最近一次我们重新修改，精雕细琢，加入新的动作和舞段，调整剧本节奏，整个舞剧控制在 1 小时 40 分，让它更符合今天年轻人的审美。"

至今保持着窈窕的身段，举手投足间仍然有着少女般的灵动与柔情。我们好奇地问爱莲老师永葆青春的秘诀。爱莲老师淡淡一笑，摇了摇头，"我哪里有什么秘诀，每天上午练功，再带这些孩子练习，下午处理学校事务，每天忙忙碌碌，时间总是排得满满的。"

舞蹈对于陈爱莲来说，意味着什么？"舞蹈是我的生命，是生命重要的组成部分。明年我就 80 岁了，倒过来念就是 18 岁。今年我还在跳'林黛玉'，只要我的身体状况许可，我往后还会跳下去。"

采访结束，已近下午 1 点，她看了看手表说：两点学校还要开会，我得赶紧准备去了。

若有舞蹈藏于心，岁月从不败美人。看着她匆匆而去的背影，这一刻，我突然明白了爱莲老师为何能历经时间磨砺，仍然焕发出青春活力，活跃在舞台一线……

李舸：
记录时代前进的光影

李舸，1969年出生，现任中国摄影家协会主席、人民日报总编室部委委员，获中国摄影金像奖、中国新闻奖等奖项。连续二十多年参与全国党代会和全国两会的报道工作，多次承担外国元首、政要访华的摄影采访工作。曾进驻"非典"重症病房，深入地震、洪水、泥石流等重灾区进行现场报道；也曾数十次登上天安门城楼、进入人民大会堂见证共和国的辉煌时刻。

秋天的人民日报社阳光和煦。在中国摄影家协会主席、人民日报高级记者李舸的办公室，首先映入眼帘的是一幅幅别具匠心的摄影作品——特净宣纸上印着傩戏、渔鼓戏、皮影戏等非遗传承的影像，附上李舸自成一体的汉简体题跋和钤印，将中国上千年历史的宣纸、书法与源自西洋的具有百年历史的摄影术合而为一。

"用光用影用情怀，有技有艺有创新"。入社27年，李舸曾进驻"非典"重症病房，深入地震、洪水、泥石流等重灾区进行现场报道；也曾数十次登上天安门城楼、进入人民大会堂见证共和国的辉煌。他的镜头记录着改革开放以来庄严重大的历史时刻，也展现了广袤大地上淳朴动人的风土人情。

"为时代存照、为人民画像"，这是李舸对自己的评价，也是每一代摄影师为时代、为国家、为人民所做出的不懈努力。改革开放40年，人民网专访中国摄影家协会主席、人民日报高级记者李舸，见证中国摄影人用镜头描绘祖国的壮丽河山，用情怀讲述时代的辉煌传奇。

"用一种温暖的精神记录社会发展"

记者：今年 8 月 30 日，中国摄影家协会举办了"影像见证 40 年"——庆祝中国改革开放 40 周年摄影大展。展览从衣、食、住、行等方面再现我国改革开放 40 年来的深刻变化。可以说这是一次非常有温度、有故事的展览。此次展览中让您印象最深刻的是什么？

李舸：最令人惊喜的是我们在展览中看到很多"90 后"甚至"00 后"观众的身影。当更年轻的面孔专注地望着过往的中国时，摄影正在无形之中帮助青年一代站在历史的维度理解当今之发展，这对于年轻人建立科学的社会主义核心价值观大有裨益。

中国摄影发展的 40 年恰与我国改革开放的 40 年相吻合。改革开放的车轮滚滚向前，同时搭载着中国摄影艺术与时俱进。在展览中，我们欣喜地看到中国的摄影技术、摄影题材、摄影观念也在悄然变化。40 年中，我们逐渐形成了具有中国特色的镜头语言，能够用属于我们自己的方式讲述中国故事。

记者：这次展览的照片唤起了我们对过往生活的记忆与共鸣。您作为从业 27 年的资深摄影记者，参与见证了我国许多重大事件。在您看来，摄影记者所发挥的社会作用是什么？

李舸：我经历了中国近二十年发生的诸多大喜、大悲、大事件。当一件关乎民族和人民命运的重大事件发生时，记者要冲在一线如实记录和报道事件，哪怕冒着生命危险，这是记者的天职。1998 年大洪水，湖北计划炸堤分洪。作为记者，我们冒着随时会泄洪的风险，连夜火速穿越早已空无一人的荆江分洪区，赶到了大堤上。2003 年，我主动申请进入"非典"重症病房，近距离见证医务工作者的辛勤付出。二十七年来，我在每一个特殊的历史时

※ 李舸办公室里的摄影作品

刻，用体验式的采访，告诉老百姓真实的情况到底是什么。这是记者的职责所在，也是使命使然。

记者：洪灾、地震、"非典"重症病房……您总是用镜头记录一幕幕令人难忘的时刻。奔向一线时，您考虑过自身的安危吗？

李舸：说实话，我没想过死，也许有的人不信。不过我想我有资格去谈生死，是因为我确实经历过很多生死——穿越空无一人的分洪区、深入经受余震的灾区、进驻"非典"重症病房……我直面过许多生死。我这个人虽然看起来柔弱，但是内心非常刚毅。身为军人子弟，我上学时曾想成为一名战地记者。身处和平年代，即使不能成为战地记者，但凡有重大事件，我肯定冲在前头。因为总是有一种莫名的力量在推着我。后来我才明白，当记者以新闻事业作为自己毕生的追求时，都会产生强烈的社会责任感。

记者：27 年摄影艺术生涯中，您的镜头记录了中国人民的生活状态与精神风貌的变迁。透过影像，我们看到朴素的人物形象背后，总是蕴含了一种温暖的情感。

李舸：作为一名记者、一名艺术工作者，首先要有一种朴素的情感——以平等的、真切的情感对待采访对象，用一种大爱的、温暖的精神记录社会发展。几十年的采访中，我最深切的感受就是记者首先要热爱我们这片土地，热爱我们的人民，心贴心地为人民考虑，传递他们所要传递的声音，才能做出真正沾泥土、带露珠、有温度、接地气、讲深度的采访。

深入生活、扎根人民，对我而言绝不是一句空谈。1998 年洪区大雨，因为需要保护相机，我向大堤上一位陌生大爷借了把已经残破的伞，并且给了他五块钱。采访回来后我匆匆把伞还他，准备上车离开。结果大爷拉住我，手里还攥着那张五块钱，原封不动地塞回我的手里。这一幕深深烙印在我的心里。这是一种特别朴素的情感。我们，和我们所记录的人民，始终是心贴心的。所以今天我能够创作如此丰富的作品，正是因为植根于这片肥沃的文化土壤，植根于有情怀的人民。

记者：2017 年您当选为中国摄影家协会主席。站在全新的位置上，您对自己有怎样的定位？

李舸：当选为中国摄影家协会主席，赋予我更崇高的使命、更重大的责任。摄影家协会的重要职责是联系广大群众，丰富群众的文化生活，提高百姓大众的文化修养。我们的责任在于为广大摄影爱好者提供一种提升艺术修为的空间和可能。鼓励和培养大众文化表达的习惯，促使一些有情怀、有追求、有思想的人逐渐脱颖而出，最终成为艺术家。

不仅如此，作为摄影家协会的主席，我要引导行业创作水平的提升。我是个不满足于现状的人，不断在体验、创新、试错。我甚至认为如果我能成为大家攻击的靶子，我就成功了。因为在批评和推敲的过程中，实际上是对行业发展方向的探讨和思考，通过修正与探索，寻找更新、更多的可能。

记者：您从七届两会开始到会场拍照，已经有二十余年了，今年两会，我们依旧在会场看到您忙碌的工作身影。

李舸：党和国家给我某些头衔和荣誉，并不意味着我就可以高高在上。对于我而言，两会中我的工作就是在会场蹲在地上拍照，用镜头记录这次意义重大的盛会。摄影师的安身立命之本是艺术作品。我这辈子还是要靠影像说话。身份和头衔绝不是出好作品的先决条件。

当人们用历史观回望过往，为人们所铭记的是艺术大家的经典作品，而不是他们的身份和官衔。在文化艺术领域，你要把自己当成一个官，那你就是麻烦的开始。作为协会主席，我既要引领行业，也要约束自己。我不想把自己推到风口浪尖上，而希望踏踏实实做下来，把更多的精力投入到行业建设与艺术创作中。

"改革开放让摄影成为个人的文化表达"

记者：改革开放 40 年来，中国摄影发生了哪些变化？

李舸：最明显的当然是随着物质生活的极大进步，越来越多的人能够摆脱设备价格高昂的桎梏，真正投身并享受摄影所带来的快乐。自媒体时代，人人都可以拥有自己的麦克风、摄像机，这是改革开放对于摄影行业的巨大影响。这也使得突发事件中，越来越多的感人瞬间能够被捕捉记录下来，从而促进人们对于社会生活有更加全面而深刻的认识。

不仅如此，在这个过程中我们对好作品的标准理解也不同了。90 年代，摄影师热衷于用鱼眼镜头表达一种夸张，认为"你如果拍得不够好，那是因为你离得不够近"。而现在我认为，更重要的是心离得近。只有人走得近，心贴得近，才能用镜头表达时代的变化，用真情感受老百姓的冷暖。什么样的影像才能真正直入人心？关注当事人的情感命运的东西才能永存。

记者：在您看来，摄影在改革开放进程中发挥了哪些作用？

李舸：一张张照片堆叠起来的不仅是可见的物质生活进步，更重要的是折射出人民思想观念的变化。它打破了时空限制，以历史的维度来帮助人们思考时代的发展。一张照片虽然是凝固的时刻，但是无数的照片拼接在一起，就是奔流的时代长河。所以我称之为"为时代存照，为人民画像"。在"影像见证40年"展览中，很多观展者并不是摄影爱好者，他们所看的、所叹的，是生活的变化，以及生活之上的观念变化。推动历史的发展，需要靠人民的故事。而摄影是最好的讲故事的载体之一。

记者：现在百姓的日常生活已经离不开摄影了。越来越多的人用照片讲述自己的故事，并且以影像的方式和亲友分享生活的乐趣。

李舸：作为独一无二的个体，每个人都应该有属于自己的表达方式。而摄影就是一种展现个人独特思想价值的途径。摄影是一种有重量的精神运动。每次按下快门的时候，我们都在学习表达自己，思考生活百味。在见天见地见众生的过程中品味生命的美丽与宝贵。在社会发展的进程中过一种专属于自己的平和生活。所以说，文化表达是一种生活信仰。我们需要信仰的力量和精神的定力，来实现人生所需要的归属感和安全感。

人民网：可以说，摄影满足人们的不仅仅是视觉的体验，更是一种精神层面的财富。

李舸：随着改革开放的推进，摄影促进了人文精神对人心的浸润与滋养。我们常谈"人文"一词，"文明以上，人文也。观乎人文，以化成天下。"每一个人能以如日月光辉般的德行约束自己，同时去感化别人、教导别人，最终推动社会的发展。在今天设备、作品和创作手段都极大丰富的情况下，摄影帮助人们思考如何用影像表达自己，如何以独特视角表达观点、态度和思想。

有一年我在全国法院系统做培训时，有一位老先生放映了他自己拍摄的一组照片——一个法院审判庭的四十年变迁。通过这么一个小切口，也能间接展现中国司法进程四十年来的巨大变化。虽然没有"诗和远方"，但是这种质朴的个人情感与独特的视觉语言，成为一笔独特而丰富的精神财产。

记者：现在摄影艺术面临哪些新的机遇和挑战？

李舸：这次中国摄影金像奖小小地改动了一个词——把"记录类"改成"纪实类"。正是因为目前摄影似乎遇到了瓶颈——沉迷于风格、流派、表现手法的"炫耀"，导致千篇一律。一些摄影师总是停留在"技"的层面，挖空心思寻找所谓的煽情、爆点，我认为这都是不自信的表现。作为艺术家，首先强调的是思想境界与精神力量。从"记录"到"纪实"，目的就是引导摄影人将思想融入到作品当中。与社会、与时代相结合的过程中，传递给人一种新的审美，或是新的情感表达。不要盲从和沉溺于某些所谓的艺术潮流，要抑制浮躁、学会沉静。纪实摄影的核心，是摄影者的情怀、态度、观点和立场。

"好的摄影作品无外乎'两节'：情节和细节"

记者：除了新闻摄影之外，您非常关注传统文化的发展和保护。比如您拍摄的乡村系列题材，还有"非遗"题材。为何会关注这样的题材？

李舸：摄影师远不止是重大历史时刻的见证者和记录者，还应深入社会和国家最基层、最广泛的地方，探索那些静默无声却被时代裹挟着迅疾变化和流失着的东西。特别是目前我国的非物质文化遗产正在快速消失，我们需要带着危机意识，用镜头留住它们匆匆的脚步。我每年至少有半年的时间在农村，在那里我有一种莫名的兴奋，感到广阔天地大有可为。有无数的东西需要我们留下来。社会发展太快，有些东西一旦现在忽略了，可能很多年以后我们就再也找不到了。

除此之外，去年底中国摄协开展了"影像见证新时代，聚焦扶贫决胜期"大型跨界驻村调研创作项目，聚焦 2018 年至 2020 年全面建成小康的关键时期，让更多的人扎扎实实、踏踏实实地关注中国农村的变化，拿出一套真正具有文献价值的影像资料。

记者：这次聚焦农村生活的摄影与以往有什么不同？

李舸：最重要的是观念的不同——从"采风"转变为"深扎"。我们所追求的绝不是浮夸、表面化的东西，而是有深度、有温度、有情感的内容。抛弃蜻蜓点水式的采集，转而关注一个人或一个家庭的命运。通过对具体人物的关注，引申到对时代发展的诠释。"中国摄影需要平静如水的影像，更需要平静如水的摄影人——默默为呼啸前行的时代打上注脚的人。"

记者：关注乡村题材和"非遗"的题材，拍摄这么多照片，给您带来哪些感悟？

李舸：为什么我的裤脚和鞋上时常糊着泥巴和草根？是因为我很享受在田间村头、大山深处那股踏实的地气儿。采访越深，创作越多，越发现民间瑰宝取之不尽、用之不竭。这一年来，中国摄影家协会在中西部农村开展了很多文化交流普及活动。正是这片深厚的土地推动着国家和民族不断前行和发展，正是这片深厚的土地滋养着我们产生无穷的艺术灵感。民间的文化真是太有吸引力了。

记者：在您看来，怎样的摄影能够打动别人？

李舸：人们常说，世界上没有两片相同的叶子。实际上人也一样。每个人不同的生活状态，恰恰是艺术创作的源泉。在无数的不同之中，我们能够找到和时代紧密相关的、能够传递人文情怀和精神的故事。这种积极向上的能量，就是文艺作品感染人、鼓舞人的核心所在。

成熟的记者既是一个隐形的记者，在拍摄时要有冷静的视角客观反映情节，也要有火热的情怀和格局寻找打动人心的传世作品。用深邃的目光去观察生活、用宽厚的情怀去体验生活、用优秀的作品去赞美生活、用平和的心态去引领生活，这样的作品才能够打动别人。

记者：发现一个动人的故事之后，应当如何用镜头讲好这个故事？

李舸：好作品无外乎两节，一个是情节，一个是细节。如果说每个人的故事是情节，那么细节的评判标准就是艺术语言是否能够打动别人。这种浓烈的情感绝不是影像上的"浓妆艳抹"，形式不一定"大红大紫""大喜大悲"，而是要追求用心的贴近。当摄影师能够与拍摄对象在情感上产生共鸣时，每一个细节都会打动观众。这是一种深沉而隽永的情怀。情怀来源于我们内心对生活、对社会、对祖国、对时代最美好、最深沉的追求。

记者：回顾丰富而精彩的二十七载摄影生涯，您认为摄影对您个人而言意味着什么？

李舸：摄影于我而言，首先是一种生活方式，我已经将摄影融入到我生命中的每一个过程。在艺术创作中更多的是体验生活和感悟人生，从而不断修正自己的言行。摄影也是一种处世哲学，是智慧的修行，是静静地观看世界、真挚地交流情感、由衷地懂得感激、深切地体味幸福。摄影更是一种人生态度，通过摄影我常觉得自己更有力量，能够做到处事不惊，依靠内心的力量筑起强大的堡垒。

我认为这辈子最幸福的事情，是在离开世界的前一天，我还在为我喜欢的事忙碌着。而摄影就是我最喜欢的事情，为之付出一生是我人生最大的幸福。

※ 人民网采访李舸视频

李舸：影像随心　从党报记者到摄协主席

从 1990 年实习、工作至今，李舸在人民日报大院里已度过了 28 个春秋。

从一名党报摄影记者，到如今中国摄影家协会主席，透过手中镜头，李舸见证了祖国的大喜、大悲、大事件，"一路踏踏实实做下来"，通过张张影像"为时代存照、为人民画像"。

初秋时节，橙黄橘绿。在李舸履新中国摄影家协会主席一周年之际，我们走进他位于人民日报社 5 号楼的办公室，面对面与他聊起了这一年间的"变与不变"。

虽是报社同事，但这是我第一次走进他的工作间，屋里堆满了一幅幅独具匠心的摄影作品，一个角落里摆放着一张用于翻拍和制作照片的案合。

这一年，头衔大了，责任重了，工作生活有了哪些新变化？

"以历史观回顾过往，为人们所铭记的是艺术大家的经典作品，而不是他们的身份和官衔。"李舸的语气中透着一份执着，"我这辈子还是要靠影像说话，身份和头衔绝不是出好作品的先决条件。如果真的把自己当成了官，那就是麻烦的开始。"

正是这份清醒，让他保持着朴素摄影的初心与执着。

这一年，他没变，还是那个深入一线、热情而低调的摄影记者，在全国两会、十九大会场上，肩背相机往返于台上台下，不断寻找角度、按下快门。

"党和国家给我某些头衔和荣誉，并不意味着我就可以高高在上。对我而言，两会中我的工作就是蹲在会场地上拍照，用镜头记录盛会。摄影师的安身立命之本是艺术作品。"

因为是军人子弟，上的也是军校，李舸从小就想当一名战地记者。"内心有一种莫名的力量。身处和平年代，即使不能成为战地记者，但凡有重大事件，我肯定冲在前头。"

1998年洪灾来临时，他逆向而行，冒着随时会泄洪的风险，连夜火速穿越早已空无一人的分洪区，带着相机赶到大堤上，捕捉抗洪抢险最感人的一幕。

2003年"非典"肆虐时，他主动申请进入"非典"重症病房，曾十几天进驻"非典"病房，近距离见证医务工作者的辛勤付出，每天花上40分钟换衣服隔离，心里一度"非常紧张"。

2008年汶川地震时，当摄影记者第18个年头的他，在地震发生后第一时间跟着部队进到灾区，力求以最快速度进入现场。

"'扎得深'才能'拍得真'。在每一个特殊的历史时刻，我要用体验式采访，告诉老百姓真实的情况到底是什么。这是记者的职责所在，也是使命使然。"说起这些时，李舸语速很快，思路却十分清晰。

这一年，不变之中亦有变。当选中国摄协主席后，他把更多精力投入到行业建设与艺术创作中，为广大摄影爱好者提供艺术提升的空间，培养鼓励大众将摄影作为文化表达的习惯，促使一些有情怀、有追求、有思想的人能脱颖而出。

这一年，他带领中国摄协在中国农村开展了很多文化交流普及活动，"采访越深，创作越多，越发现民间瑰宝取之不尽，正是这片深厚的土地滋养着我们产生无穷的艺术灵感，推动着国家和民族不断前行和发展。"

这一年，他还主持为期三年的"影像见证新时代，聚焦扶贫决胜期"驻村调研创作项目，带领摄影家奔赴祖国东西南北17个深度贫困乡村进行调研创作，努力拿出一套真正具有文献价值的影像资料，让更多人关注中国精准扶贫的变化。

"为什么我的裤脚和鞋上时常糊着泥巴和草根，是因为我很享受在田间村头、大山深处那股踏实的地气儿。"这一年里，大半时间深入田间地头，让李舸感慨颇深。

从业27年至今，有件小事仍让他难以忘怀。

"1998年特大洪灾时，赶上洪区大雨，因为需要保护摄影机，我向一位陌生大爷借了一把伞，并且塞给他五块钱。采访回来后我匆匆把伞还他，准备上车离开。结果大爷拉住我，手里还攥着那张五元钱，原封不动地塞回我的手里。这一幕深深烙印在我的心里。这是一种特别朴素的情感。"

感动之余，也带给李舸新的思考："做记者是为谁服务？"

他反问了一句，沉吟了几秒说："我们不是为了做新闻而做新闻，而是要真实记录他们的生活。首先要热爱我们这片土地，热爱我们的人民，能够想他们所想，传递他们所要传递的声音，做沾泥土、带露珠、有温度、接地气的采访。"

作为摄协掌门人，到底什么样的照片能打动他？我们好奇地问。

"好作品无外乎两节，一个是情节，一个是细节。故事即是情节，而细节的评判标准是艺术语言能否打动别人。当摄影师与拍摄对象在情感上产生共鸣时，细节才会打动观众。这是一种深沉而隽永的情怀。情怀来源于我们内心中对于生活、对社会、对祖国、对时代最美好、最深沉的追求。"

在忙碌的工作之余，生活中的李舸是个不折不扣的文艺青年。

※ 中国摄协主席李舸为人民网网友题写寄语

爱好读书，喜欢写毛笔字、学古琴，闲时，还会刻石、烧陶、自己动手做手工书……而这些，也让热爱乡村生活、"非遗"技艺、传统戏剧的他，镜头中始终充满着满满的乡情和感动。

让他深受感动的还有中国文联、作协主席铁凝说过的一段话："文化应该是一所教导谦逊的学校，它终生教导我们如何理解自己，并且有能力欣赏他者。"在李舸看来，摄影亦是一种文化表达的习惯，让人们有能力欣赏、敬畏他人，去过平和的生活。

"摄影是智慧的修行，是清晰地观察世界，是真挚地交流情感，由衷地懂得感激，深切地体味幸福。"说这话时，李舸目光坚定，语调平和，身后正是他用心拍摄的一幅幅独家、独特、独创且独幅唯一的摄影作品。

采访结束，我细细品味着李舸的讲述，这一年，他还是我们所熟悉的同事，低调谦虚真诚，依然保持着最初的淡定与清醒，所不同的是，身肩重任，站位更高了，格局更大了，视野更宽了……

李雪健：
珍惜"演员"的名号

　　李雪健，电影表演艺术家。1954 年出生，现任中国文联副主席、中国影协主席。先后出演《渴望》《水浒》《焦裕禄》《横空出世》《新上海滩》等多部电影、电视剧。曾获中国电影第十一届"金鸡奖"最佳男主角奖，第十四届"百花奖"最佳男演员奖，第十一届中国电视"飞天奖"优秀男配角奖，第三届全国电影表演学会奖，第九届大众电视最佳男主角"金鹰奖"。

　　中秋佳节，天朗气清，我们来到了山东曲阜，采访中国电影家协会主席、著名表演艺术家李雪健。银幕上的他，是亲民爱民的焦裕禄，是善良勤奋的宋大成，还是狡黠霸气的宋江……银幕下的他，是一个普通的演员，整洁朴素的上衣，胸前别着的鲜红的国旗徽章闪闪发亮。

　　改革开放四十年来，李雪健通过精湛的演技，将一个又一个新角色立在观众心里，不变的，是他对"演员"这个名号的珍惜，是他对演戏一丝不苟的态度。在改革开放四十周年之际，记者专访李雪健，听他讲述四十年间演艺生涯的心路历程，感受那份属于演员李雪健的坚定与热忱。

"改革开放极大地促进了中国的影视行业的发展"

　　记者：1978 年，中国迎来了改革开放。您也在那年成为了一名正式演员，可以说您是改革开放的见证者、参与者，此前您曾谦虚地称是时代造就了您。改革开放这段岁月给您的艺术人生带来了哪些影响？

　　李雪健：1978 年改革开放到今天 40 年，正好也是我成为演员的四十年。可以说，我是改革开放的受益者，也是参与者。但见证，我觉得我谈不上。要说受益者，最直观的展示，便是我现在的生活比我的父辈们好了很多。而作为演员，随着经济的发展，人民对于优秀文艺作品的需要日益强烈，也让作为演员的我有了更多的机会。包括当年《渴望》里的"宋大成"在内，因为当时生活方式、生活环境都发生了巨大变化，对于真善美的呼唤很迫切，而我演过的很多角色都是贴近生活的、与时代合拍的，也因此借着这些角色获得了观众的喜爱。

同时我也是改革开放这四十年间的参与者，这主要是从我的工作，也就是"演员"的身份来说的。无论是话剧，还是电影、电视剧，我出演了一些能让大家记住的角色，创作出了一些能够得到大家认可的作品。包括我去年拍的一部反映广西改革开放四十年间变化的《北部湾人家》，通过一个老人现在的幸福感来反映走过的路。四十年一路走来，难免会遇到阻碍。我们把遇到的艰难险阻都告诉大家，这对后人来说也是一笔宝贵的财富。

记者： 您刚才说到，改革开放四十年间，人们对于优秀文艺作品的期盼是很迫切的，中国影视行业也因此迎来了发展的春天。您认为改革开放对中国的电影、电视艺术带来了哪些变化？

李雪健： 改革开放初期，中国的影视行业可以说经历了"文艺复兴"，随着思想的解放，出现了不少优秀的作品。而随着改革开放不断推进，国外的文化也对我们造成一些冲击，步入新世纪之后，慢慢有了起色，为什么呢？因为文化艺术开始迎来大繁荣大发展，直到现在逐渐形成规模。改革开放极大促进了中国影视行业的发展。

虽说我们影视行业迎来了大繁荣，但我觉得我们还是"缺"——

缺什么呢？缺高峰，缺少能够代表中国、代表中华民族的电影、电视剧。国外的电影很注重中国市场，这是好事，但我们自己的影视作品真正能走出去的太少。所以我们还不能满足，还要继续奋斗。

记者：作为演员，要创作有情怀的作品、要塑造有生命力的人物，这是您的追求。在您看来，什么样的作品才是有情怀的好作品？

李雪健：习近平总书记在给乌兰牧骑队员的回信中，说过这样一句话："努力创作更多接地气、传得开、留得下的优秀作品"。"接地气、传得开、留得下"这九个字讲得很棒。我们的作品要和时代同步，要接地气——就像习总书记说的，艺术可以放飞想象的翅膀，但一定要脚踩坚实的大地；传得开——观众接受、欢迎的作品，一定是能和他们的生活产生共鸣、产生火花的；留得下——作品也要经得起时间的考验。过了十年、几十年乃至一百年，以后的观众一样喜欢，这才能叫留得下。朴朴实实的九个字，既是我们创作的基础，又是对作品的最高要求。想要做到这九个字，很难。

记者：您塑造的焦裕禄、杨善洲等等就是富有生命力的角色。饰演过这么多优秀的共产党员，这对您的艺术人生有什么影响？

李雪健：全心全意为人民服务是我们党的宗旨，我所饰演的焦裕禄、杨善洲，他们都在各自的岗位上为人民谋福祉、奉献自己的岁月。我是演员，讲述这些优秀的共产党员的人生故事，将他们介绍给广大观众，这是我的职责所在。

在拍摄《焦裕禄》的时候，当地的老百姓曾给我们当群众演员，一些年迈的老人家也一直跟随我们通宵达旦地拍摄，为什么会这样？因为焦裕禄全心全意为人民服务的精神已经深深地埋藏在他们心中，他们对焦裕禄的感情让我印象深刻。"共产党人不是要做官，而是要为人民谋福祉。"这句话是杨善洲写在日记中的心声。对我们创作人员来说，拍摄《焦裕禄》《杨善洲》的过程也是一个净化心灵的过程。

无论是焦裕禄、杨善洲，还是《老阿姨》中的甘祖昌将军，他们都是我这一代人的父辈，为了人民，奉献了自己的一生，没有他们就没有新中国的今天。我有没有将他们的故事告诉给观众的激情和欲望？有，我要实事求是地将他们的经历告诉观众，千万不要忘了他们。没有他们的奋斗，没有他们的奉献，也就不会有我们的今天。

"用角色和观众交朋友是我毕生的追求"

记者：您此前曾批文艺事业发展之中存在乱象，在商业化与市场不断介入到艺术创作的时候，您认为作为文艺工作者应该在其中发挥怎样的作用？

李雪健：我觉得每一个文艺工作者都应该从自我做起，我曾说过，用角色和观众交朋友，是我毕生的追求。一些演员经不起名利的自我膨胀，社会环境也提供了让他们膨胀的土壤；还有一些作品观众一边看一边骂，创作者一边挨骂一边还挣钱。作为创作人员，我自己也在反思。说一千道一万，我们还是要努力，把影视作品从各个方面拍好，越是不易拍的片子越要精益求精。

习总书记强调，一部好的作品，应该是把社会效益放在首位，同时也应该是社会效益和经济效益相统一的作品。优秀的文艺作品，既能在思想上、艺术上取得成功，又能在市场上受到欢迎。我们要把影视作品提到一个更高的层次来对待，不只是娱乐作品，还要保证它的社会效益。艺术创作要有艺术追求，我们要用实际行动落实和回应总书记的期待和要求。

记者：您说过，我们赶上了一个好时代，要珍惜"演员"这个名号，刚才您也提到要"用角色和观众交朋友"。从艺四十年，您是如何看待"演员"这个职业的？

李雪健：在旧社会，演员是"戏子"，是人们和社会瞧不起的行当。新中国成立后，演戏成为了职业，优秀的演员还能成为艺术家。"文艺工作者是人类灵魂的工程师"，这是对我们最大的认可和鼓励。作为文艺工作者，我们要有责任感。演员这个职业和其他的职业一样，同样肩负着建设国家、服务人民的光荣使命。而影响力是"演员"这个职业稍显特殊的光环，对此我们要正确看待——一是要有自知之明，二要把握分寸，三要有一颗纯洁的心灵。

在电影《杨善洲》的开机仪式上，还没正式开拍，当地老百姓就报以热烈的掌声。为什么呢？因为他们认可你来出演这样善良可敬的人物。习总书记讲我们文艺工作者应该成为时代风气的先觉者、先行者、先倡者。我会努力从自身做起，尽量不给这个职业抹黑，这也是一种责任。所以我们不但要把握住自己，更要感谢时代造就了我们。

记者：您塑造了许许多多深入人心的角色，包括"焦裕禄""杨善洲""宋江"……什么样的剧本和角色能打动您？

李雪健：首先是要喜欢这个剧本、这个角色，得有打动人心的特质。无论角色是正面也好、反面也罢，起码你个人得喜欢，产生想演的欲望，这是首要的。其次，这个角色要适合自己，而且自己能够完成。拿到一个角色，你虽然喜欢，但是因为种种因素无法完成，那这个角色就是不适合你的，如果一定要演结果没演好，那就是糟蹋艺术了。

记者：在您四十年的演艺生涯中，有没有哪个角色让您希望可以重新诠释的呢？

李雪健：其实有很多角色，包括刚才说到的"焦裕禄"和"宋大成"，如果让我现在再演的话，我觉得会演得更好。那时候年轻，没有经过太多的历练，而现在的我经历了很多事情，回顾自己所饰演过的角色的时候，对他们的认识也就更加深刻。

自己年纪也大了，像稍早的作品《钢锉将军》，在剧中我从30岁演到60岁，年龄跨度很大，现在再演自然是不可能了。但《鼓书艺人》我认为我现在演的话，肯定要比那会儿更有感觉。《鼓书艺人》是老舍先生的作品，讲述的是抗战时期民间艺人的故事，通过一个小人物折射出家国的命运，反映了一个时代。我在回看自己在这部电影中的表现时，觉得自己对角色的认识比老舍先生要差远了。现在我要演，我觉得会演得更好一些。

"做一个实现中国梦道路上一颗坚硬的小石子"

记者：在金鸡奖颁奖典礼上，您曾说过："苦和累都让一个好人——焦裕禄受了，名和誉都让一个傻小子——李雪健得了。"您个人怎么看待自己所获得的这些荣誉？

李雪健：这些荣誉是党和政府、有关领域的专家、广大观众对我的认可、肯定、鼓励、鞭策，作为文艺工作者，我们需要对所获荣誉有清醒正确的认知。我拿到的第一个奖是话剧界的"梅花奖"，当时控制不住地高兴。后来自己饰演的角色多了、也获得了更多的奖项、荣誉之后，慢慢有了新认识。

无论是话剧还是电影、电视剧，都属于集体创作，你所饰演的人物成功了，与导演、编剧、整个剧组的努力是分不开的，是整个团队的人扎根生活、深入群众去创作而得来的。其次，观众把对待戏中人物的情感，寄托在了演员的身上。比如《焦裕禄》《渴望》给我带来的荣誉，是因为大家喜欢焦裕禄、喜欢宋大成，我跟着沾光。因此，演员要明白自己该如何对待所获得的荣誉，也应该把它变成动力；这些荣誉也表达了大家对你的期待，期待着看到你的新的作品，希望日后你会有更好的表现，不给所获得的荣誉丢人。

记者：作家史铁生曾在文章里写道，您是"在以真诚和实干在超越自卑，所要求的好报是精神的快乐，而以精神享受为目的的任何行为和事业，本无失败可言……"并认为您"非常可能成为最幸福的人"。您如何评价自己当下的生活状态？

李雪健：我认为自己是一个幸福的人，这一路走来不容易，自认为也挺努力。从一开始的一个普普通通的农民娃，之后到了中央厂矿、部队、二炮，随后又在空政待了十年，最后转业到了国家话剧院，直至今日，我很珍惜现在的时光。现在我所拥有的一切，都是战友们、同志们给予我的，社会和观众给予我的，这让我感到非常幸福。

在改革开放四十年的进程中，中国不断发展强大，我既是一名受益者，也是参与者，不是旁观者、局外人，我愿意做实现中国梦道路上一颗坚硬的小石子；因此，在今后的岁月中，我也会尽我所能，为国家的强大贡献出自己的力量。

※ 人民网采访李雪健视频

别样的中秋节：和李雪健的曲阜之约

从与雪健老师相约到正式采访，算起来已有两月。

7月5日，我试着给他发了个短信，本想会石沉大海。第二天一早，收到雪健老师的回复，又惊又喜："黄维，你好。信息刚看到，我正在贵州参加生态文明系列活动，月中回京，特此报告。祝快乐！李雪健于贵州"。

月中时，我们再次联系，雪健老师的谦虚让人感动："黄维：你好！信息收到，最近我在外地剧组，过一阵才回京，到时联系。讲亲历改革开放四十年，我没法跟于蓝大姑她们比，只有好好学习的份。真要谈，除了演戏其他也不会谈、怕让人失望！心里话，真的！李雪健"。

8月初，雪健老师邀约我们去贵州："黄维：你好，我有个想法与你沟通：这月中下旬我写的一个处女作电影剧本启动，不知你是否有兴趣？如可去，到时咱们可选个地方来聊天。汇报完毕。老李"。月底，雪健老师告知："启动仪式改成低调签约，所以我建议，等我回来还是在北京把任务完成吧。你认为如何？好心没办成事的老李。"

9月中旬，雪健老师发来信息：他将参加22号至25号央视在山东曲阜办的中秋晚会活动，于是我们决定，中秋赴曲阜探访雪健老师。

真是好事多磨。所幸，曲阜之行最终成行。

中秋这一天，晴空万里，微风轻拂，我们坐上高铁动车，一路向南，两小时后到达曲阜。雪健老师没有助理，凡事亲力亲为，生病后听力和嗓子都大不如前，担心我们联系不便，便托他的一位老朋友帮着接待我们。

下午两点，我们如约来到香格里拉酒店，雪健老师已在咖啡厅等候，见我们来了，脸上露出熟悉和蔼的笑容，这笑容让我们一扫旅途的疲惫。他一边向我们挥手，一边步履轻快地走来。握手寒暄，转而，他又想起了什么似的，回到沙发处弯腰打开那个洗得有些发白的绿色军挎包，掏出一包纸包的红茶，要给我们沏茶。

一身灰色中山装，胸口别着一枚国徽的胸章，眼前的雪健老师显得很精神，他伸出五个手指，笑着说："距离咱们上次在影协的采访，已经五年啦，时间过得可真快！"

那是2013年冬，李雪健正式当选为中国影协主席，我们在位于和平街北口的中国影协对他进行了独家专访。当时，采访完，雪健老师感慨："你们的采访和别人不一样，期待咱们再接着聊！"想不到，再聊已是五年后的曲阜之约了。

前不久，我们栏目采访了雪健老师妻子于海丹的大姑——著名电影表演艺术家于蓝老师。雪健老师告诉我们，大姑最近不小心在家摔了，手还打上了石膏，现在还在医院住院，好在大姑人很乐观坚强。

"今年是我正式成为一名演员整整40年。"1978年，李雪健考入空政话剧团，正式开启了自己"专业演员"的生涯。

从电视剧《渴望》《水浒传》到《嘿！老头》《少帅》，从电影《至高无上》《鼓书艺人》到《焦裕禄》《杨善洲》，从影40年，李雪健演技精湛，演谁像谁，获奖无数。

不过说起这些经典角色，雪健老师却谦逊地说，如果今天再重新演绎，有些角色会演得更加出彩。"比如《鼓书艺人》那个着长衫、身背三弦、手牵爱女的江湖艺人，随着自己年岁的增长、阅历的积累，对角色的理解也更深刻，肯定能演得更好。"

谈及改革开放，雪健老师兴奋得手舞足蹈："我是改革开放的受益者、参与者，是幸运儿。"他用力点点头，自谦道："想说的太多，不太会用语言表达。"

1980年，李雪健出演了第一部电影《天山行》，继而塑造了一系列经典角色，凭借自己的努力、扎实的演技，从最初的龙套角色成为戏中的男主角，但他却谦虚地说"时代造就了我"。

"一路走来自己很努力，从一个农民娃到中央厂矿，再到二炮部队成为一名军人，来到空政话剧团、国话，我很珍惜，"他握紧拳头，语气坚定，"我还愿意成为坚硬的小石头。"

亲民爱民的县委书记焦裕禄、新中国开国将军甘祖昌、一心为民的云南保山地委书记杨善洲……李雪健饰演的一个又一个优秀共产党员的形象深入人心。

"不管是焦裕禄，还是农民将军甘祖昌，他们都是父辈的代表，我们这代人很看重'父爱如山'这四个字。这些人物都是我们父辈中的典型，也是我们学习的楷模，我不想让后人忘了他们。你说我能不玩命地演吗？"雪健老师动情地说，而后低头沉思了几秒，"甘祖昌精神的传家宝怎么说来着？勤恳做事，老实做人，还是……想不起来了，等我回头查一下再告诉你。"

2012年，雪健老师不幸患了鼻咽癌，病愈后复出，听力和嗓子却因此受到极大影响。采访中，他戴着两副助听器，咬着牙努力说清楚每个字，但坚持不了多会儿，他不得不停下来喝口茶润润嗓子，对我们抱以歉意的目光："对不起，我这嗓子不行，得喝口水了。"

※ 李雪健与人民网采访团队合影

雪健老师曾有段经典的获奖感言——"苦和累都让焦裕禄受了，名和誉都让傻小子李雪健得了。"时至今日，谈及荣誉，他淡然一笑："年轻那会，刚得奖，在话剧《九一三事件》中扮演林彪获得中国戏剧最高奖'梅花奖'，特别兴奋，回到家把奖杯一会放这，一会摆那。后来渐渐明白，这些荣誉是观众对我的认可、鼓励、鞭策，更是一种期待、动力，希望看到我的新作品。"

采访不知不觉已近两小时，雪健老师因要参加晚上的中秋晚会，采访只得告一段落。我们相约下次在人民网新大楼里再继续聊他的改革开放 40 年新作《北部湾之家》。他微笑应允。

临走前，他潇洒地把军挎包往肩上一背，回过身来，和我们团队每位小伙伴一一握手道别："你们今天辛苦了！"

就在我们采访完回京的第二天，收到他一条长长的短信："黄维好！在曲阜一阵乱忙活，没顾得上你们。我查了一下《老阿姨》里说的话：将军当农民在世界上少有，我们纪念你，就是要继承你的精神遗产：'老老实实、勤勤恳恳'！报告完毕。另外，如果方便可在节目中加一些你认为不错的影视剧片段，这样会更活泼好看，比光说有力度，更何况我说得太差劲！影视剧片段如：焦裕禄车站送技术员、杨善洲手摸棵棵树当儿子道别、《老阿姨》中甘祖昌给部队回忆长征的经历、《横空出世》中冯司令动员大会后带领部队打夯、宋江写反诗、嘿老头喝酒等。献丑！老李。"

老老实实、勤勤恳恳。《老阿姨》中甘祖昌精神的这八个字，何尝不是雪健老师艺术人生的真实写照呢？

尚长荣：
不负时代　无愧梨园

尚长荣，京剧表演艺术家。1940年出生，现任中国文联荣誉委员、中国戏剧家协会名誉主席、上海戏剧家协会名誉主席。新编历史剧《张飞敬贤》《曹操与杨修》《贞观盛世》《廉吏于成龙》等，曾三次获得"中国戏剧梅花奖"，首批国家级非物质文化遗产（京剧）项目代表性传承人。

噪音洪亮、笑声爽朗，谈话中时不时会插入几个妙趣横生的比喻、话至兴起时还现场演示一些京剧的招式……虽然已经年过古稀，但坐在我们面前的尚长荣依旧神采飞扬，举手投足间带着京剧名家的风采。

无论是《曹操与杨修》里文武兼修的"曹操"、还是《贞观盛世》里果敢进谏的"魏征"，抑或《廉吏于成龙》里铁骨铮铮的"于成龙"……经过尚长荣的创作与演绎，这些历史人物矗立在京剧的舞台上，成为新时代京剧花脸艺术的代表之作。改革开放以来，尚长荣博采百家之长，不断创新与丰富京剧艺术。在改革开放四十年之际，记者专访中国剧协名誉主席、著名京剧表演艺术家尚长荣，一起感受他对京剧艺术求索创新的满腔热忱。

"改革开放扫清了京剧发展道路上的障碍"

记者：30 年前，由您新编的历史剧《曹操与杨修》一经上演便风靡全国，当时决定排这出戏的契机是什么？

尚长荣：1978 年以来，改革开放的春风吹遍了大江南北，在改革大潮推动下，各行各业欣欣向荣，但京剧舞台上的新创剧目却不够丰富，老腔老调，在年轻人中不受待见，这让我有些辗转难眠，心心念念要排一出精彩的大戏。1987年秋天，一位好友向我推荐了发表在当年元月《剧本月刊》上的《曹操与杨修》，作者是未满四十岁的陈亚先先生。我看完这个剧本后，觉得它文学性很强，不仅与其他以《三国演义》为范本的剧目有所不同，且依旧蕴藏着深厚的历史内涵。剧本中没有把曹操"脸谱化"，不同于以往曹操"白脸奸贼"的形象。

我知道上海在文艺创作上有求索出新的传统，于是我夹着剧本、坐上火车"夜闯上海滩"，"厚着脸皮"地叩响了上海京剧院的大门，没想到和上海京剧院的同志一拍即合。后来我们与湖南的亚先先生取得了联系，那个时候通信方式也不发达，彼此之间就通过写信的方式进行沟通，开始了对剧本的修改、打磨。

记者：前期的准备工作一共花了多长时间？

尚长荣：从1987年10月到上海，我与剧组演员一起做小品训练、写角色分析、练功练唱。经历了近一年时间后，1988年7月初建组。那时候硬件设施很差，排练场很简陋。那年夏天，上海格外热，排练场在京剧院二楼仓库旁的一个房间，没有空调，只有几架小电扇，排练时汗流浃背。我住的宿舍虽然有一个电扇，但吹出的依然是热风。我当时顺口编了一首诗："热浪袭人，汗流满面。屋似烘箱，心烦意乱。求索艺术，忍苦实干。功成之日，体重减半。"

但那个时候大家心里都有一种苦排、拼搏的精神，将这些困难都克服了，一心想将戏排好。正是有着这种精神，我们才能打磨出这台风靡全国的《曹操与杨修》。直到现在，《曹操与杨修》演了30年了，我们仍然怀念当年的苦排精神。

记者：刚才您提到在创作《曹操与杨修》之前，您受到了改革开放后全国百业俱兴的鼓舞，决定带着剧本前往上海。改革开放为您自己的艺术创作注入了怎样的动力？

尚长荣：《曹操与杨修》这出戏的诞生，确实是受到改革开放大潮的引领和激励。在各行各业欣欣向荣的大环境下，戏曲也不能落后，我们要为广大观众奉献更多更精彩的剧目。京剧有着丰富的传统剧目，如此深厚的积淀是我们的宝藏，因此我们更要奋发图强。

京剧的发展史就是一个不断成长发展、最后达到巅峰的过程。以前我们演的都是创作于 40 年代、50 年代的《逼上梁山》《三打祝家庄》《江汉渔歌》，但我们不能光吃老本，在改革开放的伟大洪流中，我们不能落伍。所以，就着这股求索的勇气和激情，我夹着剧本闯上海滩，开启了一段"激情燃烧的岁月"。

在和上海京剧院的同志碰面过后，我们开始讨论这出戏的模式、定位，当时在确定这出戏的模式时我们煞费苦心——若按照《战宛城》《阳平关》等传统剧目的模式，必定跟不上观众的审美需求。最后，导演在充分展示传统表演技巧的基础上，决定打破传统戏曲的上场师、定场师、影子化白、下场段的模式，让这出戏既有标准的京剧技法，又汲取了西方戏剧的优点；音乐上也作了调整，七弦琴第一次出现在了京剧的舞台上。

在上海排演结束后，我们"赴津赶考"——参加全国京剧新剧目汇演，因为天津的观众很懂戏，所以我们心里也没底。没想到，演出结束，观众认可了，专家认可了，媒体认可了。作为一个戏剧人，苦排求索近一年终于得到了回报，证明了这样的道路是可行的，非但不是歪路，而且是一条康庄大道。

记者：您认为改革开放为京剧、为戏曲艺术的发展，带来了哪些机遇？

尚长荣：改革开放扫清了我们京剧发展道路上的种种障碍。作为一个戏曲人，除了靠演艺谋生之外，还要有社会担当，要通过演好戏来引领社会风气。这就需要我们花大力气研究、继承传统剧目，并且要花更大的力气来创排新剧目。我们中国传统戏曲的艺术功能很丰富，有别于西方歌剧就是歌剧、舞剧就是舞剧的单一模式。京剧是除了唱、念、做、打外，还有好听的唱段、讲究的道白，还有表演和武打。这种综合性的艺术模式是我们中华民族独一份的绝招。我们既要潜下心来认真研究、创新，同时也要挺直了腰杆来发挥中华民族戏曲独特的艺术功能。这样无论是哪个地方的传统戏曲，都能得到很好的进步与发展。

记者：以您个人为例，作为一位京剧演员，该如何在改革开放的浪潮中为京剧、为戏曲艺术的发展做出自己的贡献？

尚长荣：作为一位京剧演员、一位戏曲人，一要敬业，二要进步。要成为一名合格的戏曲演员，除了通过演戏谋生以外，我们还要注意自己肩上的社会责任，要做有情怀、有担当的戏曲人，做有灵魂、有品行的文艺战士。我们要将民族精神的点点滴滴渗透到戏曲里去，通过在舞台上的表演，向观众弘扬民族精神。戏不仅仅要唱得精彩，还得给观众留下点什么，只有这样才不辜负京剧、不辜负时代赋予我们的机遇。

"每一次演出都要当成是头一回"

记者：在《曹操与杨修》问世30年后，您的学生又带来了传承版《曹操与杨修》。为什么决定让青年演员接棒《曹操与杨修》？两个版本又有何不同？

尚长荣：这出戏我一直演到70岁，由于年纪越来越大，《曹操与杨修》又是唱、念、做、打都很吃重的一出戏，两个半小时下来实在是有些力不从心，我又不愿意把不理想的艺术形象带给观众。所以我内心非常纠结，这出戏难道就不演了吗？

2014 年，我做了一个让大家匪夷所思的决定——启用 38 岁以下青年演员排演《曹操与杨修》。复排《曹操与杨修》非一日之功，要打好基础方能建起高楼。青年演员们用了近一年时间学习，从历史背景到人物分析，从剧本解读到角色塑造，做了很多准备。进入排练场后，我一字一句地示范，几位青年演员也非常刻苦，在唱腔、念白的处理以及人物的理解、塑造上都有很大进步。

传承版的《曹操与杨修》在 2015 年 5 月与票友们正式见面，整出戏大的框架没有动，我们做的只是不断地将其打磨得更为精致、更为精彩。"生戏要熟演，熟戏要生演"是我们梨园的一句老话，演出不能越演越"油"，一出戏无论演多少次，演员都要保持第一次演出时候的那股激情，才能保证在舞台上演出的剧目久演不衰。

记者：这对于演员来说是很高的要求，既要"熟演"，更要"生演"。在《曹操与杨修》问世的这三十年中，是怎样的精神让您一直保持着在舞台上对自己的高要求？

尚长荣：每一次演出，无论是多么熟悉的剧目，演员都应该当成自己是头一回演，全身心地投入其中。有人觉得这很难做到，但只要你有追求，只要你肯去做，就一定能做到。

其实无论是演出还是创作，都要有这种追求、这种精神。改革开放之后，我们创作条件好了，资金已经不再是问题，但优秀的作品不是靠金钱堆砌出来的，习近平总书记在文艺工作座谈会上说过，"文艺不能当市场的奴隶，不要沾满了铜臭气"，苦排、拼搏、求索的精神不能丢，社会责任感、社会担当不能忘。三十年前我们在创排《曹操与杨修》时，两袖清风，有的就是追求向上的积极态度，一种责任感、一种使命感。

记者：《曹操与杨修》给我们留下了苦排、拼搏、求索的精神，不但要把经典作品传承下去，更要将这种精神继续发扬。

尚长荣：因为当年这股精神永远激励着我们、鞭策着我们，所以我们没有包袱，更不会骄傲自满。我感觉戏曲的前景前途无量，是光明的，只要我们认真去做。

这种精神其实也是一种责任感。以前我没有教过戏，只是在舞台上把戏演好而已。现在随着年龄增长，越来越感觉到将经典作品传承下去更是一种担当。正是由于体会到了这种精神和责任感，在复排《曹操与杨修》的时候，我们整个团队都保持着昂扬向上的氛围，我仔细教，青年演员们认真学，最后给大家献上了传承版的《曹操与杨修》。

记者：可以说，"尚长荣三部曲"《曹操与杨修》《廉吏于成龙》《贞观盛世》，鼓舞了一代又一代观众。

尚长荣：中国优秀的戏曲艺术都是劝人向善的，以前我们都是在听书看戏中接受道德教化，也就是现在常说的"正能量"。老百姓爱看《廉吏于成龙》，这是一出相当感人的戏。我们每演一次，都会得到一次心灵的净化，被主人公那颗正直的心所打动；在《贞观盛世》里，魏征对李世民说："为官之法，一清廉，二谨慎，三勤苦。微臣身为谏议大夫，又是陛下的钟爱之臣，怎敢不清慎自律，以身作则？"这句台词只要一出来，就能引起老百姓鼓掌叫好。所以，要通过我们在舞台上出神入化的表演，让观众在欣赏好听好看的剧目时，领悟我们的民族正气。

"不要认为传统艺术和年轻人之间有隔阂"

记者：今年是《曹操与杨修》与观众见面三十周年，您又对这出戏进行了创新——您主演的 3D 京剧电影《曹操与杨修》

于 8 月 31 号在北京上映。为什么会有将京剧搬上电影银幕的念头?

尚长荣: 京剧在继承上要避免僵化, 3D 全景声电影就是时代发展的创新需要。我们戏曲是虚拟的、写意的, 而电影则与之相反, 以写实为主, 二者看似对立, 但如今在不断打磨下, 我们精彩的传统京剧艺术和当代先进的电影技术得到了很好的结合。

这样的"混搭"产生了与平常京剧舞台不同的艺术氛围和艺术效果, 也获得了很好的反响, 受到了许多年轻人的热爱。有位网友说, 自己陪同爷爷奶奶去看, 结果他在看的时候比爷爷奶奶看得还认真。电影在一些网站上得到了很高的评分, 这更增强了我们将优秀的戏曲剧目继续创新的信心。我们希望通过电影让更多的年轻人、也让世界各地的朋友们认识京剧、喜爱京剧。

记者: 这次尝试非常成功, 给我们传承传统艺术带来了崭新的思路。您认为我们该如何在保持传统艺术自身风格、个性和美学的前提下, 将其深厚的文化底蕴与时代元素相结合, 创作出更受当代观众喜爱的作品?

尚长荣: 首先要加强文化自信。没有文化自信、不认可中华传统文化艺术, 谈何发展与创新。以京剧为例, 有了文化自信, 我们就能更深层次地挖掘京剧的文化内涵, 并在保持其自身艺术个性的基础上, 对其他剧种的优势进行适当借鉴和汲取。可以说, 文化自信让我们在传承与创新时有了主心骨。

在创作过程中我们要扎根人民, 要站在观众的立场上思考他们想看什么样的戏, 想看什么样的传统剧目。演传统剧目不是"复古", 我们是艺术家, 不是考古学家, 我们是要用好听、好看、感人的戏剧艺术形式给人们一种美的享受, 把传统剧目演精、演活、演出彩。纵观京剧的发展史, 就是一段去粗存精的发展史, 要不断顺应时代、顺应观众的审美需求。

此外，不要认为传统艺术和年轻人之间有隔阂，时下流行的元素很多，我个人从来不拒绝这些流行元素，适当地将一些现代元素吸收进来以激活京剧艺术，才能吸引当下青年，才能将京剧艺术真正融入这个时代。本着这样的念头，我们拍了 3D 京剧电影《曹操与杨修》，希望通过年轻人喜欢的方式，借助新技术，吸引更多观众去感受京剧的传统艺术深层次的魅力。

记者：从《曹操与杨修》到《廉吏于成龙》，再到《贞观盛世》，您的三部曲可以说是京剧艺术发展的一个高峰。改革开放40 年，您如何评价当下京剧的发展现状？

尚长荣：我认为当下京剧发展的形势一片大好，特别是 2014 年习近平总书记在文艺工作座谈会讲话之后，发展道路上的障碍被一扫而空，硬件设施变好了，资金也不缺，面对这样的大好形势，我们要更加努力，"撸起袖子加油干"。

但在京剧的发展过程中我们要克服浮躁，提倡务实。我们不能流于表面，不能只顾外在，要不忘初心，回到京剧的根子上来——京剧的根就是戏，要潜下心来创作、编导、演出，保有求索的精神。比如《曹操与杨修》，尽管已经过去了三十年，但我们还要继续将其打磨，不断地听取意见、改进不足，才能使它成为京剧历史上经久不衰的佳作。

※ 人民网采访尚长荣视频

与尚长荣谈艺说戏

78 岁高龄的京剧表演艺术家尚长荣千里迢迢从上海来北京了。

尚长荣的名字对观众而言，早已如雷贯耳。他是四大名旦之一尚小云之子，也是当今最负盛名的京剧净角表演艺术家，五岁登台，在梨园摸爬滚打 73 年，还三次获得中国戏剧最高奖——梅花奖桂冠。由他主演、上海京剧院创排的《曹操与杨修》《贞观盛世》《廉吏于成龙》，被戏曲界公认为具有重要意义的作品，也被誉为"尚长荣三部曲"。

9 月 26 日，尚老从上海远道而来，并不是为自己整合表演，而是"尚长荣三部曲"青春版首度亮相京城，他专门赶来给年轻后辈们"把场"，为他们打气助阵。

2015 年，上海京剧院启动了"尚长荣三部曲"传承计划，以尚长荣为艺术指导，遴选 38 岁以下的青年演员传承其最具代表性的三部新编历史剧《曹操与杨修》《廉吏于成龙》《贞观盛世》，让这些剧目能继续"活"在舞台上。

三年里，尚长荣为青年演员准备了大量历史史料与文学作品，从戏里到戏外，从吐字、发声到唱腔、念白，再到人物情感的理解、表达，对每部戏的主演悉心指导，手把手传授、亲自示范、逐一把关指导。

就在 9 月 27 日《廉吏于成龙》开演前，我们在长安大戏院的贵宾室里采访了尚老。

因为堵车，尚老到得有些晚，金丝边眼镜，灰色西服，目光炯炯，笑声爽朗，步履稳健，说话声如洪钟，一进门对我们连说了好几个"抱歉"。

采访从《曹操与杨修》聊起。尚长荣和曹操的缘分始于30年前。

1987年，一年就演了6场戏的尚长荣，受到安徽凤阳县小岗村故事的鼓舞，夹着《曹操与杨修》的剧本，怀揣希望，坐上火车"夜闯上海滩"，"厚着脸皮"叩开了上海京剧院的大门。"那时，老戏老演，老演老戏。我知道上海素有开拓求索的精神，就夹着剧本，听着贝多芬的《命运》，独自来上海'闯滩'了。"

30年过去了，回忆起当年创排的情景，尚老概括为两个字：苦排。

对于当年的"苦排"，尚长荣却一点都不觉得"苦"。1988年7月，剧本经过一年打磨后，终于建组。"《曹操与杨修》的出台与诞生，没有豪华的排练场，没有高档的会议室，没有空调，只有一颗火热的心。"

"当时的排练场，是京剧院二楼仓库旁的一个房间，只有几架小电扇，大家吹着热风四脖子流汗。宿舍又小又闷，不透风，夜里打赤膊也没法睡。到了冬天，屋子里没有取暖设备，整天冷飕飕的，尽管条件十分艰苦，但是大家心却很齐，一心想把戏排好。"说这话时，尚老脸上带着一腔花脸的豪气干云。

"苦非一番寒彻骨，哪有梅花扑鼻香。"一年后，该剧赴天津参加全国京剧新剧目江演一炮打响，被誉为"新时期中国戏曲里程碑式作品"，尚长荣也被称为京剧舞台上的"第七代活曹操"。演出结束后，台下观众全哭了："我们盼这样的戏盼了多少年了！"

30年过去了，这部经典佳作由年轻一代演员"接棒"搬上舞台，

※ 尚长荣在后台为青年演员"把场"

※ 著名京剧表演艺术家尚长荣接受人民网记者黄维采访

尚老强调了两个字：

传统。

"敬畏传统，研究传统，还要激活传统，这样才能够推动出新，这是戏曲界前人前辈想做而没来得及做的事情。"

3年时间里，尚长荣亲自"出马"，在上海京剧院排练厅开门授课，带着年轻的"曹操"与"杨修"，一个字、一个音地抠，从"眼睛怎么瞪""什么时候瞪"开始教起，每一个细节都做到精准，同时严格要求青年演员不断挖掘角色、丰富人物内心，对这部戏进行精细打磨。

"功夫没白下。"30年后，中青年演员们带着青春版《曹操与杨修》亮相，在尚长荣一个字、一个音抠出来的戏里，他们的抬眉瞪眼、举手投足，一颦一笑都体现着"精准传承"的硕果，票友们评价：这部戏让传统戏更生动，新创戏更精彩。

对于这些青年后生，尚长荣手把手地传承，让学生们受益匪浅："传承这三部戏，更要传递这些戏所体现的审美和追求，作为演员，要有自己的风格，要有自己的艺术个性，你必须认真学传统。对诸多流派要敬畏，要认真地学，要博采众长，要科学地认真地去继承、研究，这样才能在舞台上好好运用前辈们留下的遗产。"尚老的讲述中透着虚怀若谷的大家风范。

其实，除了青春版《曹操与杨修》，尚老主演的3D版京剧电影《曹操与杨修》已在今年8月31号上映。"有人觉得京剧这门传统艺术和年轻人是有隔阂的，而我却并不这么认为。"

在尚长荣眼里，京戏是古典的，也是现代的。"适当地将一些现代元素吸收进来以激活京剧艺术，才能吸引当下青年，才能将京剧艺术真正融入这个时代。京剧不仅有古典美，还应该和时代同步。"

一个小时的对话,既轻松幽默又令人受益匪浅,尚老始终笑眯眯的,精气神特别好。采访接近尾声,他抬手看了看手表,打断我们道:"我得去后台把场了。"

夜色中的京城,已下起了微微细雨,尚老也顾不得打伞,快步穿过剧院外的小路,急急赶到后台,站在侧幕边聚精会神地看着台上演员们的一举一动,时而站到上场门,时而又根据演员走位挪步至下场门,站累了就在临近的道具箱上坐一坐。演员们的每一处表演,一句话念多长、唱多响,哪里收哪里放,他都看在眼里,暗自琢磨是否恰当。

就是这样一位中国戏剧史上第一位梅花大奖获得者,多次获得国家级艺术大奖以及"全国五一劳动奖章",被国际剧协授予"世界戏剧大使"称号……用三年时间,传承经典、关怀戏剧青年人,"我们对青年演员就是应该要给他们舞台,要带一带、推一推、托一托。"

"做平常的人,演不平常的戏"是尚老的座右铭。其实,从尚长荣的身上,年轻后辈们传承的又岂止三部戏?更是这种对待戏曲艺术兢兢业业、一丝不苟的精神。

张良：
"一辈子做董存瑞精神的传人"

　　张良，国家一级导演，电影艺术家。1933年出生，1955年因主演电影《董存瑞》成名，并获文化部1949—1957年优秀演员一等奖。1959年调入八一电影制片厂，主演《哥俩好》获得第二届大众电影百花奖最佳男演员奖。后任珠江电影制片厂导演，执导《梅花巾》《雅马哈鱼档》《少年犯》《女人街》《白粉妹》等多部有影响的影片。2009年获中国电影表演学会"第十二届金凤凰奖"终身成就奖，2010年获得广东省"首届文艺终身成就奖"，2015年获第二十四届中国电影金鸡奖"终身电影成就艺术家"称号。

　　羊城十月，在霏霏的小雨中，我们来到了广东珠江电影制片集团，采访电影艺术家张良。由于前一天有些感冒，张良的声音并不十分洪亮，但语句中透露出来的铿锵豪情却依旧令人肃然起敬。

　　"我的一生只干了两件大事，一是当演员，二是当导演。"银幕上的他，是舍身为国的战斗英雄董存瑞；银幕下的他，将"董存瑞精神"融入到导演事业中——把人民放在心上，深入大街小巷，用光影记录下他们在时代大潮中的沉浮变迁，勾勒出改革开放期间岭南独特的人文风光。在改革开放四十年之际，记者专访电影艺术家张良，感受他在改革开放大潮中"滚一身泥巴、做一番事业"的奋斗精神。

"一辈子做董存瑞精神的传人"

　　记者：您曾说过，您的一生有三个成功的选择，其中就包括六十多年前您在电影《董存瑞》里成功塑造的董存瑞这一人物形象，成为了一代又一代人的记忆。在塑造这一英雄人物的过程中，让您印象最深的是什么呢？

　　张良：《董存瑞》是在 1955 年拍的，到现在已经 63 年了。和董存瑞一样，我15岁参军；当年就参加辽沈、平津两大战役，当时郭维导演让我去试镜，看完试镜样片我就灰心了，我塑造的是英雄董存瑞，形象应该是高大魁梧的，但我本人又瘦又小，哪儿有英雄气质？郭维导演告诉我，英雄人物也是生活在人民中间，是最普通的一名人民战士，经过革命熔炉的历练才成长为英雄的。这番话犹如给我打了强心剂，纠正了我的观点，恢复了我的信心。

正式拍摄之前，郭维导演对我们说，我们要以董存瑞的精神来塑造董存瑞。因此，尽管当时条件很艰苦，我们得自己扛着行李下乡拍摄外景，睡觉也是向老百姓借两条板凳搭成一张床，但大家都怀着敬仰的心情向董存瑞学习，学习他的奉献精神，全组一条心，没有人喊累。

董存瑞舍身炸碉堡的这场戏无疑是全片的重中之重，外景是在长春电影制片厂搭建的，非常像隆化中学前面的敌人桥形暗堡。董存瑞身为爆破队长，很懊悔没在战前的侦察中发现这座暗堡，才导致队友的牺牲，所以有了撕心裂肺的那句："炸了它！"为了总攻的胜利，在没有架子的情况下，董存瑞毅然用身体做依托，举起炸药包，果断地拉开了导火索。这一切过程，我觉得自己是全身心、凭着一腔热血履行着一个战士的职责。我理解董存瑞的理想：打倒国民党反动派、解放全中国、建立新中国，因为这也是我们每一个解放军战士的愿望。所以，每一个人都会像董存瑞那样在危难时刻为祖国献身，有了这样的精神，我们才能去塑造董存瑞。

记者：正如郭维导演所说，"以董存瑞精神去塑造董存瑞"。如果让您用几个字概括一下董存瑞精神，您会如何概括？您怎么理解董存瑞精神？

张良：在我心中，董存瑞精神可以用这八个字来表示——舍身报国、无私奉献。这八个字饱含了董存瑞对国家、对人民的热爱。

※ 张良为人民网网友题写寄语

党教育我们每一位战士要为人民服务、把人民放在心里，任何艰苦的环境，任何困难我们都要克服，这是我们每位解放军战士必须有的品质。

最让我难忘的是 2003 年 8 月，我被董存瑞生前所在部队邀请参加纪念战斗英雄董存瑞牺牲五十五周年活动，会后有很多人纷纷与我握手、向我敬礼，一个个都"自报"家门："我是某年董存瑞班班长""我是某年董存连连长"，每个人都英勇伟岸，令我肃然起敬。他们说当年一入伍，第一课就是看的电影《董存瑞》，他们决心一生一世都做董存瑞的接班人，让董存瑞舍己为民的精神世代相传。这令我非常感动、非常难忘，我虽然老了，也要一辈子做董存瑞精神的传人。

记者：习近平总书记曾说，要不断推出讴歌英雄的精品力作。您扮演的"董存瑞"是几代人心中的永恒经典，您认为在影视作品中该如何塑造英雄人物、讲好英雄故事？

张良：在拍摄《董存瑞》之前，我是一位年轻的话剧演员，从来没有拍过电影。起初，我在形象塑造中遇到了许多困难，在摄像机前我无法表达出董存瑞的思想情感。我心想，我要塑造董存瑞形象，也应该像董存瑞一样，用一种顽强的精神来完成这个任务。于是我反复地阅读剧本，在没人的地方一个人偷偷地练戏。在董存瑞面前，我感到了自己的渺小，但也正是因为我在体现着英雄的形象，所以我必须像他一样去生活、去战斗。

后来，无论什么时候，无论遇到什么困难，我也没有任何怨言，在工作中我努力在自己身上培养起英雄人物的思想品质，在影视作品中塑造好精神人物、讲好英雄故事，让观众在看过影片后，能感到身上增加了一种克服一切困难、冲开一切障碍的力量，让英雄人物的精神力量鼓舞大家前进。

"文艺工作者一定要到改革开放的前沿阵地去"

记者：改革开放后，您从演员转型为导演，是什么样的契机使您做出了这个决定？

张良：让我下决心从演员转行为导演，正是因为改革开放。1978 年，党的十一届三中全会决定改革开放，要让中国人民富起来。此时我已经调到广东了，在演过几部戏后，我自认为都不太理想。随后，我得知了深圳要建经济特区的消息，觉得机遇来了，文艺工作者一定要到生活中去，到火热的改革开放的前沿阵地去，要滚一身泥巴、做一番事业。

有种说法叫"演而优则导"，其实不是。当导演并不是一件容易的事，一般说来都会从当场记开始积累经验，但我除了演员什么都没当过。当时珠影的厂长对我说，我可能是一位好演员，但不一定会是好导演，谁有好剧本敢让我拍？这些话对我是一个刺激，我身在改革开放的前沿阵地，这个机会太难得了，我一定要改行。

之后，我和我的妻子王静珠彻夜长谈，我对她说，我不当演员了，下决心要改行当导演，不会的东西我可以学。她看我下定了决心，也毅然放弃了自己原来的动画美术专业，和我一起转型，她开始学习编剧。党教导我们，到生活中去、向人民学习，改革开放对我们来说就是一个全新的开始，我们要抓紧把失去的时间补回来。

记者：转型当导演后，您拍了很多反映改革开放前沿阵地的影片，如1984年的《雅马哈鱼档》，这是中国第一部以个体户为主角的电影，更成为改革开放初期广东经济发展的"活广告"。

张良：我最初看到《雅马哈鱼档》原著的时候，一眼我就爱上了。主人公都是无业、待业在家，改革开放的春风吹醒了他们，让他们走上了自力更生的新路，这样的题材正合我意。此外，它写的是广州，我1972年到广州的时候，还是一片萧条，人们穿的衣服也是黑白灰，没有其他颜色。但改革开放后，正所谓"忽如一夜春风来，千树万树梨花开"，广州就发生了翻天覆地的变化，个体商户如雨后春笋般成长了起来。我心里很兴奋，非常希望能把改革开放这几年来广州所取得的新成就如实地放到大银幕上。

在电影中，我倾力打造了两个"新"。首先是影片的主人公"个体户"，他们是改革开放造就的新人物，是改革开放的春风吹拂下广州最先盛开的花朵，对广州的经济繁荣功不可没。在改革开放的时代背景下，我要讲述他们的故事，树立他们的形象，让大家关注他们的生活；其次，我要全情塑造广州乃至整个广东的新形象，当时我在广州已经生活了十余年，此前从未发现广州如此之美。时代在前进，广东作为改革开放的排头兵，我们电影人应该和时代同步，有责任去记录、反映时代的脚步。

记者：回望改革开放这四十年，您觉得改革开放给您带来了哪些机遇？您如何评价自己这四十年的艺术人生？

张良：改革开放改变了我的人生，没有改革开放就没有今天的张良。改革开放让我完成了从演员到导演的转变，进而让我在导演的事业上有所作为。我创作的这些作品，从《梅花巾》开始，到《雅马哈鱼档》《少年犯》《女人街》《特区打工妹》《龙出海》……所有这些作品的题材都源自改革开放。

有人说很佩服我，别人写历史题材都有参照物，但我没有参照物，都是改革开放新题材、新事物、新生活。如果不踏足到这片土地上、不投身到改革开放的大潮里，又怎么能看到这些人和事？我的作品好比是改革开放大潮里滚出来的一颗颗珍珠，把它们串起来，就是我和我妻子献给特区的一条项链，是我们二人对改革开放的献礼。

"生活是创作取之不尽、用之不竭的宝藏"

记者：习近平总书记在文艺工作座谈会上说，"文艺创作方法有一百条、一千条，但最根本、最关键、最牢靠的办法是扎根人民、扎根生活"。在多部电影拍摄前，您都亲自前往各地体验生活。"扎根人民、扎根生活"这一创作理念给您的电影生涯带来了哪些感悟？

张良：习总书记精辟的论述，令我感触很深。我们的作品要反映社会、生活、时代、历史，必须深深植根于广大劳动群众的广阔生活，必须在作品中结合人民群众的感情、思想和意志。在我的电影生涯中，从演员到编剧到导演，所参与的电影作品，每一部都是从生活中来、从生活中提炼再进行艺术创作而成。生活是创作取之不尽、用之不竭的宝藏，这是真理。文艺工作者要牢牢记住这几句话。

我是北方人，在拍摄《雅马哈鱼档》前对广州还不太熟悉，但我深知生活才是创作的源头活水。因此，我当时走遍了广州的街道，和广州的邻里百姓们深入交流，详细了解广州的过去和现在，了解这座城市的新旧变化，真正做到"扎根人民、扎根生活"。后来的《女人街》《特区打工妹》等，都是延续这条路，无一部不是从生活中而来。

记者：近年来现实主义的文艺作品越来越受青睐，您执导的《雅马哈鱼档》《女人街》等影片均以现实生活为题材，深受广大人民群众喜爱。您认为该如何拍好现实主义题材电影？

张良：我拍摄的这些现实主义题材作品，是探索实现纪实性和戏剧性相结合的艺术风格。我很喜欢纪实美学主张的一些观点，比如题材的日常性、人物要有杂色、环境要有生气、最大限度地接近生活等等。同时又很喜欢传统美学主张的主题要鲜明、人物性格要生动、情节结构要富于戏剧性……因此，我探索着把二者结合到一起，拍出纪实性和戏剧性相结合的影片，以追求更生活、更真实、人们更喜闻乐见的艺术形式。

比如拍《雅马哈鱼档》的时候，我发现每天清晨天刚亮就在白鹅潭的江面上聚集了上百条渔船交易，广州的鱼档全到那里采购活鱼。但我们绝对不能组织拍摄，于是就决定偷拍！经过多次实地演练之后，我让演员混入渔船随机应变、自由发挥，摄影机全部隐蔽起来跟踪拍摄。我一摸鼻子，他们就开机。蒙蒙晨色、百条渔船，渔民的粗犷豪放，舱内鲜活的大鱼，一沓沓人民币，一筐筐鱼过秤……就算广州本地人，每天吃着活鱼，也没尝过这样的原汁原味！

一部优秀的现实主义题材作品，应该有好的教育性，但不是单纯地说教；有高雅的艺术性，但不是曲高和寡的高深哲理；能贴近现实、富有时代特点，真实地反映生活、反映新人物，给人以健康的情趣，这也是我自己的艺术创作追求。

记者：如果请您寄语当今年轻一代的电影人，您想对他们说什么？

张良：当前电影市场繁荣，百花齐放，但同时也存在一些问题。我认为，一个文艺工作者只要心里想着人民，就不会走上歧路。习近平总书记说过，"文艺不能当市场的奴隶"，电影人不能只顾赚钱，只顾经济效益，不顾社会效益。

我的年纪也大了，不能再像年轻时候下基层体验生活进行创作，但我知道这条路是对的。希望新一代的电影人能牢记习总书记在文艺工作座谈会上的讲话，不要脱离生活、脱离人民；只有深入实际生活，才能创作出更多有道德、有温度的艺术作品。

※ 人民网采访张良视频

| 记者手记 |

张良：昔日英雄"董存瑞"
如今南国都市电影开创者

说起张良，很多人脑海中定会浮现电影《董存瑞》中那个经典的画面——在敌人桥堡下，解放军战士董存瑞手托炸药包，拉响导火索，高喊："为了新中国，前进！"

当年饰演英雄董存瑞的小伙张良，改革开放后成功转型为一名电影导演，一口气执导了《雅马哈鱼档》《特区打工妹》等多部反映广东改革开放热潮的南国都市片，外界称他为"南国都市电影开创者"。

金秋十月，我们从北京出发，南下广州珠江电影集团，专程采访已 85 岁高龄的电影艺术家张良。

夜幕中，华灯初上。我们顺利抵达广州，一下飞机，舱门打开，温暖湿润的空气扑鼻而来。正当我们准备第二天的采访时，珠影集团的工作人员告诉我们张导有点感冒，采访时间可能要减短些，让我们心中捏了把汗。

第二天九点半，当我们来到珠影集团会议室，张导和老伴王静珠老师（珠影一级编剧）已在此等候。眼前的张导头发花白，身着灰色短袖衬衣，亲切而随和，一见面握着我们的手说："你们从北京远道而来，辛苦了。"

采访前，王静珠老师嘱咐我们，张导因身体原因，主要谈电影

《董存瑞》和改革开放相关电影的故事，有些细节不能详细展开，请我们谅解。

可一说起董存瑞，说起改革开放，张导像打开了话匣子一般，神采飞扬、绘声绘色地讲述起多年来珍藏心底的往事。

他永远忘不了 15 岁报名参军的那一幕——

1948 年 8 月，那时的小张良已经会唱一百多首革命歌曲，当他以儿童团长的身份报名当兵时，指导员严肃地问他，你怕不怕死？怕死就不要来当兵，张良斩钉截铁地响亮回答：我不怕！

张良曾说，他这辈子有三个成功选择：一是战争年代参加人民解放军文艺宣传队；二是 60 多年前在电影《董存瑞》中成功塑造董存瑞这一英雄形象；三是选择了爱妻王静珠，"她不仅是我老伴，还是在我改行后共同事业上的搭档、一起战斗的战友。"

原来，电影《董存瑞》开拍之初还有段小插曲。和董存瑞一样，张良 15 岁参军；当年就参加辽沈、平津两大战役，导演郭维觉得他的年龄、身形和身上那股嘎劲很像董存瑞，当即拍板："就他了！"可试镜后，张良觉得自己的脸格外大，小鼻子、小眼睛，一笑眯成一条缝，越看越不像自己心目中的英雄，于是心里打起了退堂鼓。郭维知道后，耐心给张良做思想工作："董存瑞也是子弟兵的一员，子弟兵都是英雄。"就这样，电影开拍了。

他永远忘不了拍摄电影《董存瑞》时的情景——

"尽管 63 年过去了，这些场景仍历历在目。"回忆起拍摄的情景，张导热血沸腾、手舞足蹈，不自觉提高了嗓门："这段戏是在长影的院子里拍摄的，拍的时候，大家都没觉得这不是在拍戏，就跟真实的战斗场面一样。枪炮做得很像，充当临时演员的战士们也很投入，当机枪扫射，战士们一排一排滚下来时，我的眼圈立马红了，导演问我，用什么感情来演这场戏？我说：这场戏不要表演，而是要全身心地投入!"

在张良看来,董存瑞精神可以概括为八个字——"舍身报国、无私奉献"。

正是董存瑞的这种精神,影响了张良一辈子。"我这一生已经被董存瑞的光环罩住,走到哪儿,人家都叫我'董存瑞'。所以,你就不能给董存瑞抹黑!我这一生的制约就是这样形成的。"语调中带着英雄气概。

22岁,张良在银幕上扮演了英雄董存瑞;39岁,命运把他推向羊城,终于重返电影圈开启导演生涯。这一转型,也续写了他又一个辉煌的30年。

他永远忘不了执导《雅马哈鱼档》背后的那些往事——

"这部电影当时有三个第一:中国影坛第一部以个体户为主角的电影;第一个实景拍摄的电影;第一个以纪实手法拍摄的电影。"

拍《雅马哈鱼档》的时候,张良发现每天清晨天刚亮就在白鹅潭的江面上聚集了上百条渔船交易,广州的鱼档全到那里采购活鱼。"但我们绝对不能组织拍摄,于是就决定偷拍!经过多次实地演练之后,我让演员混入渔船随机应变、自由发挥,摄影机全部隐蔽起来跟踪拍摄。我一摸鼻子,他们就开机。蒙蒙晨色、百条渔船,渔民的粗犷豪放,舱内鲜活的大鱼,一沓沓人民币,一筐筐鱼过秤……就算广州本地人,每天吃着活鱼,也没尝过这样的原汁原味!"

功夫不负有心人。1985年,《雅马哈鱼档》获得1984年广电部优秀影片二等奖和第5届中国电影金鸡奖最佳美术奖。"滚一身泥巴,滚一番业绩。我做导演就一个信念:必须要贴近生活!只有在生活中,你才知道泥土这么芳香,生活这么鲜活。"张良如此总结成功之道。

忆起往昔，张良思绪万千，老伴王静珠几次示意让他停下来休息会儿，张导连连摆摆手。

"我有幸亲身经历了改革大潮，而且由此得以站在当时电影界的潮头。《雅马哈鱼档》《逃港者》《特区打工妹》《女人街》《白粉妹》……这些电影，好比改革开放大潮中滚出的一颗颗珍珠，我把它们献给改革开放这段难忘的岁月。"张良感慨。

当过演员，做过导演，张导的讲述极为生动传神，短短一小时，把人带到那一幅幅鲜活的场景中，让我们感受那个惊心动魄的战争年代、那个激情澎湃的改革开放年代……

采访完，当晚我们赶回北京，飞机刚落地，就收到王静珠阿姨的微信：你们已经回京了吗？真辛苦！好样的队伍。相信你定能出佳作，祝你成功！

此次广州之行虽然匆匆，却留给我们很多感人的故事。当演员、做导演，张良深受董存瑞精神影响，在电影界创出一番新天地。在今天的和平年代，每一位砥砺前行的中国人，不是正需要这种奋斗精神吗？

翟俊杰：
为中国电影事业永葆锐气

翟俊杰，电影导演。1941年出生，八一电影制片厂国家一级导演。代表作品有电影《血战台儿庄》《长征》《我的长征》等，多次获中国电影金鸡奖、华表奖、百花奖，解放军文艺大奖，中国电视飞天奖、金鹰奖等，2005年获"国家有突出贡献电影艺术家"荣誉称号。

初冬时节，落叶缤纷。在八一电影制片厂，国家一级导演翟俊杰笑呵呵地向我们走来。77岁的他身体硬朗，声如洪钟，散发着军人的气质与力量。

从《长征》《金沙水拍》《我的长征》表现的长征精神、《血战台儿庄》展示的抗战精神，到《共和国不会忘记》体现的改革精神、《惊涛骇浪》赞颂的抗洪精神……翟俊杰糅合艺术的魅力与生活的真实，以一部部优秀作品跟随中国革命、建设、改革进程，记录民族英雄的坚定身影，讴歌中华民族的高尚品德。

"主旋律电影是时代精神、民族精神的记录和写照，我的使命和责任就是弘扬中国精神。"改革开放四十年之际，记者专访著名电影导演翟俊杰，共同重温电影里坚毅卓绝的英雄人物，感受历史光影中伟大光荣的民族精神。

"改革开放为导演提供了一展身手的天地"

记者：改革开放初期，1986年您与杨光远共同执导战争片《血战台儿庄》，也是您的第一部电影，当时为什么选择拍摄这样的题材？

翟俊杰：《血战台儿庄》是中国第一部表现国民党军队正面战场抗击日本侵略者的影片。十一届三中全会后，在解放思想、尊重历史的环境中，《血战台儿庄》得以搬上荧幕。共产党军队与国民党军队同为中国军队，展现中华儿女团结一致抗击外敌的英勇形象。通过如实反映抗日民族统一战线的形成过程，告诉观众历史是这样走过来的。可以说，这是一部坚持历史唯物主义、尊重历史、实事求是的影片。

记者：这部影片在当时引起了怎样的反响？

翟俊杰：影片上映后，我随大陆电影代表团到台湾访问。台湾记者问我："您在拍《血战台儿庄》时，把国民党军队表现得英勇顽强，拍《大决战》时，又把国军表现得兵败如山倒，您是怎么想的？"我回答说："为民族而战者，英雄；为官僚买办而战者，不败没有天理。得民心者得天下，失民心者失天下，这是历史给我们的昭示。"《血战台儿庄》得到时任广电部部长艾知生、中宣部副部长贺敬之以及统战部等领导大力支持，社会各界充分肯定，影片发挥了应有的作用，我们感到非常欣慰。

记者：1988 年，您执导影片《共和国不会忘记》，从钢铁公司变革的视角切入，讲述改革开放带来的大变化。为何选择这一题材？

翟俊杰：拍完《血战台儿庄》后，感到意犹未尽，我与编剧之一田军利决定再拍一个直面改革开放的大工业题材故事。飞机、大炮、工厂机器乃至生活中的缝纫机、自行车，哪一样都离不开钢铁，但恰恰钢铁工人的生活常被忽略，工业题材难出高票房电影，因为人们认为硬邦邦、冷冰冰的钢铁电影有什么看头？

当时我提出来：要把钢嚼出味道来。我们跑遍国家大型钢铁基地，到鞍钢、武钢、本钢、上钢、攀钢等大型钢铁基地深入体验，有时高炉前的温度高到简直要把人烤成薯片。但是我们始终坚持到一线与领导、工人谈心，了解他们的想法，只有感同身受才能将生活化作自己创作的源泉、素材和力量。最终《共和国不会忘记》获得第十二届大众电影百花奖最佳故事片奖。它是一种激励，让我更加坚定了要为人民创作的信心。

记者：坚持以人民为中心的创作导向，您觉得这种观念给您的创作带来怎样的收获？

翟俊杰：文艺工作者不能高高在上，只有深入基层、深入生活，才能获得最真实、最动人的故事。真正热烈地拥抱生活，真正地沉入生活，生活才能赐予你灵感。比如拍摄军事题材电影时，我常深入到部队最基层，和战士们一起坐潜艇入深海，乘飞机上蓝天，目的是加深对部队战士的了解。深入生活是为了追求真实，如果艺术不真实，那么艺术价值荡然无存。

记者：强烈的社会责任感与民族忧患意识是第四代导演共有的特征，作为第四代导演的代表人物，您觉得改革开放的时代契机为您的创作带来了哪些影响？

翟俊杰：改革开放为我提供了一展身手的天地。感恩改革开放为我提供施展才华的广阔舞台。我算不上第四代导演的代表人物，只能说是第四代导演兄弟中的一员。第四代导演的作用在于承前启后，继承过去中国电影的传统，同时对新的电影艺术理念有所吸纳、开拓和创新。

1982年，我专门到北京电影学院的编导进修班充电，接触、学习先锋派、作家电影、新现实主义等理论，把其中有益的部分运用到自己的创作中去，在吸收中不断创新。第四代导演在登上电影主流舞台时，也没有忘记我们的初心，始终使自身创作与时代保持同步，努力拍出优秀的电影作品。

"主旋律电影应当艺术化地传播正能量"

记者：有网友说，在看您的电影时，内心总因影片中的英雄主义精神深感震撼。在您看来，什么是英雄主义精神？

翟俊杰：有一个观念深深扎根在我心里——军人首先要为人民服务。我 17 岁考入西藏军区文工团，61 年的部队生涯培养了我深深的军人情结。当年进军西藏时我经历过两次战争，很多年轻的战友长眠在战场上。当年军区政委谭冠三曾说："同志们，咱们进军西藏，保卫祖国边疆，我这把老骨头就埋在西藏，永远和西藏的人民一起保卫边疆，建设边疆！"这些人都是英雄啊！正是这种英雄的精神，形成我的理想、信念、责任、担当，在我心中有一种抹不去的英雄情结。接受央视邀请拍《西藏风云》长篇电视剧时，我再回西藏，凡是有烈士墓的地方，我都去拜谒一下。

记者：61 年的军旅生活为您带来怎样的影响？

翟俊杰：部队的文艺工作者一定要记住：我是谁，为了谁，依靠谁，要始终与人民和生活同呼吸、共命运，寻找挖掘生活的瑰宝，才能把精神力量播撒到观众心里。当我被授予"国家突出贡献电影艺术家"称号时，和王心刚、张良、田华等前辈相比我感到惭愧。这是一种激励，敦促我更好地用电影这种艺术形式回报社会。

军旅生活不仅在思想层面对我有深刻影响，也让我切实体会到真实的战争场景，对我日后拍摄战争题材电影有很大帮助。我经历过残酷的战争，缺氧严寒的风雪高原磨炼了我的勇气和坚毅。当我把这些苦都吃下去，拍电影遇到更恶劣的天气我也不觉得辛苦，反而觉得很知足。作为一名导演，若不是在西藏军区文工团练就的功夫，今日何能统领摄制组的众三军！

记者：您拍摄了许多深入人心的主旋律题材电影，包括《共和国不会忘记》《大决战》《我的法兰西岁月》，以及三拍长征故事，主旋律电影和其他类型电影有哪些不同？

翟俊杰：重大革命历史题材通常以大人物、大事件、大场面为主要元素，它不仅肩负着对"史"的正确表述，更承担着对"史"的完美、细腻且符合艺术规律的创作。主旋律电影是时代精神、民族精神的记录和写照，我的使命和责任就是弘扬中国精神。一次又一次"触摸"那段抗战史，每次都有一种别样的感受，但唯一不变的是民族精神，那是一种坚定的信念，更是中华民族传统美德的集中体现。长征精神，抗战精神，人民解放战争精神，新时期的抗洪精神、抗震精神、航天精神……各个历史时期的无数精神构成了中华民族精神。弘扬中华民族精神，弘扬中华民族崇高品德，是时代的主旋律。弘扬时代主旋律，是艺术工作者的使命和责任。

记者：您曾三次拍摄长征故事——《金沙水拍》《长征》《我的长征》，为何如此钟爱这一题材？

翟俊杰：首先，长征体现了人民军队义无反顾的革命理想和信念；其次，长征是中华民族美德的集中体现——团结一心、众志成城、坚忍不拔、不怕牺牲、团结友爱；再次，长征也是对人类体能极限的一种挑战——饥饿、寒冷都没有打败红军。在种种艰苦之中，这种长征精神是一座屹立不倒的丰碑，是一笔宝贵的精神财富。这笔财富甚至是属于全人类的。

长征精神并不是口号，而是一段血与泪的故事，是不断激励着我的精神力量。我要通过电影将这种情怀艺术化地表达出来。拍长征、学长征，三拍《长征》也是电影人以身作则发扬长征精神的过程。第二次拍《长征》时，我带着演员重走长征路。我告诉他们，脱掉时髦的名牌服装，在荒山野岭中体验艰苦生活，这种都市生活和艰苦环境的巨大反差能让你们更贴近所扮演的人物。

记者：您的主旋律影片总是在表达主题的同时多增新意，获得观众广泛好评。在您看来，主旋律电影如何做到思想性、艺术性、观赏性相统一？

翟俊杰：主旋律电影应当艺术化地传播正能量，想尽办法增强影片的艺术感染力。中国电影应艺术化地、形象化地来表达这个伟大时代。艺术作品要有吸引人的中国故事内核与充满感染力的艺术形式。比如《这里的黎明静悄悄》描写了苏联年轻女兵的战争悲剧，如果不是战争，这些女兵可以结婚生子，但是法西斯战争毁掉了她们的生活。什么叫做悲剧，把美好撕碎给人看就是悲剧。这种悲剧，就是艺术感染力的一种体现。

观众不可能牢牢记住电影的每一分钟，但是影片中生动感人的鲜活细节越多，就越能够感动观众，一部作品成功的系数也就越大。《血战台儿庄》中，一个老兵蹲在战壕里思乡，折下一段嫩柳枝，做成柳哨，吹出《走西口》的调子，最后把几束手榴弹绑在身上和敌人的坦克同归于尽。这样来自生活的艺术细节，对塑造人物形象有很大的好处。

"电影要由产量的繁荣向质量的高度发起冲击"

记者：您以一部部优秀作品见证了中国电影成长的四十年。在您看来，改革开放四十年后的今天，中国电影取得哪些成就？有哪些不足？

翟俊杰：中国电影从题材、制作都取得长足的进步。在取得成绩的同时，更要看到不足，百尺竿头更进一步。如何克服不足，创造新的辉煌，这是一个重要的命题。我认为，要警惕泛娱乐化、功利浮躁的不良倾向。

提高文化产品质量，要由产量的繁荣向质量的高度发起冲击。

讲好中国故事，要坚决继承优秀的中华民族传统，大胆吸收先进的艺术理念。目前我们可以凭借数字技术制作具有视觉冲击力的画面，但关键还需要丰沛的艺术想象力，避免千篇一律，增强影片的想象力与感染力，吸引广大人民群众自发参与审美。

记者：如今，越来越多的娱乐元素充斥着人们的生活，您觉得现在的年轻人与重大革命历史题材的主旋律影片之间，是否存在一定的距离感？

翟俊杰：由于一段时期里主旋律电影出现千篇一律、急功近利的现象，使大家产生了距离。但是历史是我们的根与魂，坚决不能忘记过去，忘记意味着背叛。为了创作出观众喜闻乐见的作品，我特别注意和年轻人交朋友，了解他们的喜好，与年轻人保持同步。

通过娱乐放松并没有错，但是一个民族只追求娱乐，那么这个民族是没有希望的。如今人民的生活水平不断提高，日子越过越好，但要始终铭记为此付出宝贵生命的革命先烈，牢记过去艰难的抗争岁月，不能把中华民族的抗争史、苦难史娱乐化，要让后代了解伟大的革命战争历史，让民族精神指引后代继续前进。

记者：您提出过"多学习优秀传统文化才能拍出具有中国特色的电影"。在拍摄电影时，您觉得优秀传统文化对创作有什么影响？

翟俊杰：古典诗词与电影是艺理相通的。电影是个舶来品，但是中国古典诗词中却蕴含着许多电影表现手法——"山重水复疑无路，柳暗花明又一村"恰如一个镜头融入另一个镜头的"叠化"效果；"床前明月光，疑是地上霜。举头望明月，低头思故乡"，短短20个字如同构成一部微型电影分镜头剧本——故事、人物情感、规定情境、构图、光调、色调、影调，乃至似有若无的音乐都在里面。这种"艺理相通"是联系文艺领域各个门类的共同纽带，是我们取之不尽用之不竭的宝藏，也是我们拍出具有中国特色的中国电影的源泉。

记者：您是如何将传统文化与镜头语言相结合的？

翟俊杰：比如，电影《长征》的配乐上采用"声画对立"的手法——悲壮惨烈的场景中的配乐恰是委婉凄美的《十送红军》，最后两句词我还改为：问一声亲人红军啊，此去西征何时才回还。这正符合中国古代辩证艺术理论提出的"以哀情写乐，以乐情写哀，倍增哀乐"。极大的反差引起人们丰富的艺术联想，更让观众印象深刻。

《惊涛骇浪》里，一个小战士昼夜抢险累死在抗洪第一线，弥留之际一只蚕豆大小的小青蛙蹦到他的脸上，将死的战士凭着残留的一点点知觉露出一个若有若无的微笑，最终还是逝去。小青蛙出现之前是叙事，之后是抒情，这是借用中国古典戏曲的"紧拉慢唱"的艺术手法。除此之外，中国画的虚实相间、中国书法的谋篇布局等，意境优美，同样值得我们学习与传承。

记者：在您的艺术生涯中，执导创作了许多经典影片，在您看来，哪部电影、哪个角色最令您感动？

翟俊杰：我认为，重大革命历史题材作品创作中也要坚持一种人文关怀的基调。《我的法兰西岁月》是首次用青春偶像片的手法拍摄革命先驱的青年时光。片中邓小平、周恩来、聂荣臻、蔡畅、李富春等老一辈革命家远渡重洋到法国勤工俭学，寻求报效国家的真理。这段浪漫艰辛的生活，何尝不是我们老中青几代人共同的偶像和精神榜样呢？

《长征》中，我们打破了模式化表演，推出一个全新的、深入人心的毛泽东形象。唐国强同志首次出演毛泽东一角，为此他拼命节食、游泳，40天减掉26斤，最后他的身材、长发、忧郁的眼神，和1936年美国记者斯诺拍的毛泽东非常吻合。演员这种为追求艺术效果而不辞劳苦的精神也令我感动。

※ 翟俊杰给网友题写寄语

记者： 回顾过往的电影岁月，您觉得电影对您而言意味着什么？

翟俊杰： 如果用军人的话说，电影应该是我的武器，是打击敌人、团结人民、讴歌人民的武器。电影也是我的终身事业，我爱电影，我愿意为它献出一切。我感恩生活、感恩部队、感恩这个伟大的时代。一个人的生理年龄可以增长，但艺术年龄、心理年龄要永远保持青春。我要永远保持锐气，为了中国的电影事业，为了我的最爱，永远奋斗下去！

※ 人民网采访翟俊杰视频

翟俊杰：背负国仇家恨拍摄《血战台儿庄》

采访翟俊杰是在11月初的一个午后，前一天夜里他刚从河北为微电影大赛颁奖回来，后天一早要赶往佛山参加金鸡百花电影节，"我是硬挤出两个钟头接受你们的采访。"一见面，翟导握着我们的手笑着说。

于是，在八一电影厂附近、他好友的一间工作室，这位执导了《血战台儿庄》《长征》《大决战》等佳作的导演，绘声绘色地向我们讲述了60载军旅生涯的精彩人生。

其实，这已是我第三次采访翟导。2014年，他以"主旋律电影如何讲好中国故事"为题与网友交流；2016年文代会期间，他与姜昆、冯双白一道，再次做客人民网聊"中国文艺的新气象"。两年后再见，还是那身熟悉的军绿色便服，还是那纯净、执着的眼神，还是那个和蔼可亲的长者。

17岁那年，翟俊杰当上娃娃兵，挎包里装着斯坦尼斯拉夫斯基的《演员自我修养》，奔赴遥远的青藏高原，上过战场，后来走上红色电影之路成为一名军旅导演，拍摄了一批展现不同历史时期重大革命历史军事题材影视作品：《长征》《金沙水拍》《我的长征》表现了伟大的长征精神；《血战台儿庄》展示了中华民族坚强不屈的抗战精神；《七战七捷》《西藏风云》《大决战》赞颂了中国人民将革命进行到底的精神；《惊涛骇浪》则讴歌了和平年代军民众志成城的抗洪精神。今年正好迎来翟导军旅生涯六十载。

"我是一个导演，更是一个兵。抗日战争时期，我父亲、姑母都是周恩来同志领导的抗日救亡演剧队的成员。我舅舅19岁投入抗日，临走时他拿起一块木炭，在墙上写下'爹娘，下辈子见吧'，从此杳无音信，后来才知道他打日本鬼子的时候牺牲在太行山上……30年前我拍过一部《血战台儿庄》，这部电影可以说我是背负着国仇家恨拍的。"

《血战台儿庄》，是翟导执导的第一部电影，也是国内首部表现抗日战争时期国民党正面战场的史诗力作，片中他还出演了川军师长王铭章。"在饰演这个角色的时候，我加入了很多细节，特别是王铭章就义前的最后一场戏，整个段落没有一句台词，只是泰然自若地面对已围上来的日寇抽根烟，至今很多观众都记忆犹新。"

我们的思绪也随着翟导的动情讲述回到了那个经典的电影画面——"当时王铭章的一二二师全师阵亡殆尽，敌军登上城楼将王铭章包围。这时候，我设计了一个艺术细节——将手中的棍子一扔，从烟盒里掏出一截皱巴巴的香烟，可能是没来得及抽完剩下的，然后顺手拿起旁边烧焦的木棍将香烟点上，并且拿烟的姿势不是用中指和食指夹着，而是用拇指和食指捏着，以此表现出对侵略者的鄙夷、不屑和蔑视以及开枪自尽前的视死如归和大义凛然。"

正是通过这些富有感染力的艺术细节，让观众自发地参与审美，才使得电影打动人，走进观众的心里。翟导感慨："感人、鲜活的艺术细节越多，一部作品成功的可能性越大。"

让翟导引以为傲的是，他曾经三次拍摄关于长征的电影，"这三部长征作品的创作过程，实际上是我自己理解和发扬长征精神的过程。每一次拍摄我都力求做到创新、突破、超越。"

拍摄《长征》中，翟导起用了一批"新"演员塑造领袖。"从表演美学的角度看，我觉得如果同类题材常是那几个人演，尽管片子各有亮点，但新片也会有一种陈旧感。这部电影中，唐国强第一次扮演毛泽东，王伍福也是第一次演朱德。当时消息一出，舆论全是反对的声音。"

最终，翟俊杰顶住了外界压力，让唐国强饰演毛泽东，为了符合长征时期毛泽东憔悴的形象，唐国强在40天里减肥20斤，最后呈现出很好的艺术效果，之前反对的声音也都平息了。翟导笑了笑，称有机会还想第四次拍长征。

翟俊杰自小喜欢中国古典文学，祖父是女子师范学校的国文教师，当年4岁的他跟着祖父在煤油灯下背诵古文，将《孔雀东南飞》《木兰辞》《岳阳楼记》等等熟读于心……

正是从小积累的深厚文化底蕴，让翟导的作品既有纪实风格，也有诗意化处理，并擅于将古典诗词的韵律美运用到电影艺术中。"比如'山重水复疑无路，柳暗花明又一村'，恰如一个镜头融入另一个镜头的'叠化'效果；'欲穷千里目，更上一层楼'，如同电影中'升'的镜头运用；'床前明月光，疑是地上霜。举头望明月，低头思故乡'，四句短短的诗，简直就是一个微电影的剧本，画面、色调、光调、人物情感，甚至似有若无的音乐，真美妙！"

"《长征》中明明是惨烈的场景，我偏偏选择优美哀婉的歌曲《十送红军》来衬托，引起人们无尽的联想；《金沙水拍》中红军渡江，两岸剑拔弩张，我却用大篇幅来表现红军在江边举着火把行进的诗意画面……"

虽已年过古稀，翟导却始终保持着一颗年轻的心。77岁的他坦言，喜欢跟年轻人交朋友，平时用微信聊天，了解时下最流行的网络文化，也懂得"萌萌哒"的意思。在翟俊杰看来，"一个人的生理年龄可以增长，但一个人的艺术年龄、心理年龄要永远保持青春"。

　　采访前，翟导提前从家出来，在楼下站着等待我们，因为腿部有伤，腿脚有些不便，我们感到有些愧疚，但他却淡淡地说，"明年春节后要进行腿部手术，做完手术就健步如飞了，等康复后，我还要再执导一部电影呢。"

夏菊花：
杂坛菊花永流芳

　　夏菊花，杂技艺术家。1937 年出生，现
为中国杂技家协会名誉主席。代表节目《柔术
咬花》《顶碗》等。其中，《顶碗》获第六届世
界青年联欢会金质奖章。

　　十一月的南方，秋意正浓，我们来到湖北武汉，拜访中国杂技家协会名誉主席、著名杂技表演艺术家夏菊花。

　　从旧社会流离失所的街头杂耍艺人，到新中国受人尊敬的艺术家；从家庭式的小戏班演员，到享誉海内外的"杂技皇后"；从舞台上为观众奉献一切的杂技演员，到舞台下为了杂技艺术发展四处奔波的杂协主席……"艺术人生七十年，风雨菊花倍鲜艳。"夏菊花头顶的光环在变，但她对杂技艺术的守护与传承却不曾改变。改革开放四十年之际，记者专访夏菊花，聆听她投身杂技艺术的心路历程，感受一代"杂技皇后"对于中国杂技艺术的热忱与坚守。

"金质奖章不是我的终点，而是起点"

　　记者：今年五月，您入选第五批国家级非物质文化遗产代表性项目代表性传承人。您的两个节目《顶碗》和《柔术咬花》深受广大人民喜爱，也为您赢得了"杂技皇后"的美誉。当初您是怎么和杂技结缘的？

　　夏菊花：我本不姓夏，姓徐。5岁时，家里穷得揭不开锅，父亲把我送给了夏家班的夏老板做"押子"，从此改为姓夏，过起了杂耍艺人跑江湖的日子。那段时间为了生计而奔波，非常辛苦。在表演《空中飞人》时，用一根粗绳子绑住我的辫子，升吊在半空荡秋千。每演下来，用手摸头，头发掉下一把。那时候，杂技只是我的饭碗，当时唯一的目的就是活下去。

记者：可以说您在接触杂技的头几年是为了生存而训练、演出，是怎样的契机让您从"要我练"开始向"我要练"转变的？

夏菊花：那是 1952 年的事情了，我对此记忆犹新。当时武汉市正组织民间艺人前往朝鲜慰问志愿军，未满 18 岁的我毛遂自荐，最后被告知只有满 18 岁的演员才能去前线演出。然而，我在名单里看到有别的未满 18 岁的演员获得了名额，询问之下，得知他们因有自己的看家绝活才榜上有名。这件事对我来说既是一次打击，又是一种激励，激励了我练就属于自己的绝活——顶碗。

顶碗要从基本功练起，如果想要碗在头上放得稳，就必须要"压门子"——我当时用了三块砖头顶在头上练，并且在碗里盛满沙，然后直接往头上压，这样头上才有痕迹、有"门子"，碗放在头上才不会倒。每天光"压门子"就至少用去一两个小时，疼得我眼泪直流。并且光顶碗不行，我还要设计一些新的动作。当时已经到了痴迷的程度，晚上睡觉的时候想到一个动作，也会马上爬起来试一下。有时候练得浑身都疼，但为了有一个自己的看家节目、为了以后不再"落榜"，我又咬牙继续坚持下去。

记者：《顶碗》不仅在国内家喻户晓，在世界上也获得了极高的赞誉。1957 年 7 月，您参加了在莫斯科举行的第六届世界青年联欢节，并凭借《顶碗》获得了金质奖章。

夏菊花：这是我获得的第一枚世界金奖，也是我们中国杂技艺术在国际上第一次获得最高荣誉。当我获得这份荣誉的时候，我觉得这枚奖章不应该是我的终点，而是起点，我还要继续努力，继续发展创新、做前人没有做过的事情。杂技艺术就是挑战极限，变不可能为可能、变想象不到为可能。

我觉得"顶碗"还有可以挖掘的潜力——由双手到单手、由静态到动态、由低处到高处，最重要的是碗能否离开头部、用脚夹出去后再夹回来？当时一天到晚就在想这件事儿，跟着了魔似的。"脚面夹碗"我从 1960 年开始练了三年，刚开始的时候不敢放太多碗，只能用砖头。有时候腿练得非常疼，上楼梯都吃力。1963 年，我在民众乐园的舞台上表演，将这个新动作呈现给观众。第一次、第二次都失败了，到了第三次尝试终于成功，台下的观众纷纷站起来给我鼓掌。后来还有观众在寄给我的信中写道，我在前两次失败的情况下还毅然选择再来一次，这种不怕困难的精神值得大家学习。

记者：您以《顶碗》和《柔术咬花》两个为代表的节目让杂技艺术成功走出了国门，让外国人欣赏到了中国杂技的魅力。在对外交流的过程中，让您印象最深刻的是什么？

夏菊花：印象最深的是在 1965 年，我在法国巴黎的夏乐宫演出，四十天场场爆满。当地观众连连惊叹"中国人太厉害了"，法国许多女性观众，进场时带着礼仪手套，在我表演结束后，她们纷纷脱下手套、站起身来鼓掌。此外，还曾经有外国观众在表演结束后来到后台，一定要看看道具碗，甚至有观众非要来摸摸我有没有骨头，直到用手摸、用眼看，他们才相信我的表演都是真的。

"改革开放给了中国杂技展现自我的舞台"

记者：改革开放以来，中国杂技艺术获得了包括"金小丑奖"在内的许多国际金奖，您认为改革开放的时代契机对中国杂技事业有着怎样的推动作用？

夏菊花：杂技艺术要有空间、有舞台，它才能发展，改革开放正给了中国杂技展现自我的舞台。改革开放以来，全国各地的杂技团都抓住了这一时代契机，创作出了一大批富有时代气息的新作品，为杂技艺术的发展提供了崭新的思路，让古老的杂技艺术在新时代更上一层楼。

作为杂技演员，更要抓住改革开放带来的宝贵机遇，传承好我们中国杂技艺术的特色、创造出更多观众喜闻乐见的节目。台上一分钟，台下十年功。杂技本身的东西不能丢，难度、技巧、特色一定要保持下去。改革开放给演员的舞台更广阔了，更要创新、要发展，真正做到一代胜过一代。

记者：由于年龄和伤病，您告别了舞台。虽然您已经离开了舞台，但并没有远离杂技。改革开放之后，1981 年，你被推选为中国杂技家协会主席，并且一当近三十年。在此期间，最令您印象深刻的是什么？

夏菊花：在我任职中国杂技家协会主席期间，武汉杂技厅建立起来了。改革开放之后，我几次出国当国际赛事的评委，世界上不少同行对我们中国的杂技事业的发展表示钦佩，并问我，中国的杂技艺术发展得如此之快，一定有好多个世界一流的杂技厅吧？我当时只能回答说，现在还没有，但马上就会有了。

经过多年的奔走和努力，1992 年武汉杂技厅竣工，并于同年举办了首届中国（武汉）国际杂技节。武汉杂技厅的建造及国际杂技节的举办，推动了古老的杂技艺术的创新和发展，丰富了人民群众的文化生活，让中国的杂技艺术在全世界的杂技健儿前展现出它的英姿。

记者：今年是改革开放四十年，作为一门历史悠久的传统艺术，您认为杂技应该如何在新时代中加以继承和发展？

夏菊花：当前，杂技艺术的发展势头很好，大家都在琢磨着创新，而杂技的生命就在于创新。比如广州军区战士杂技团编排的杂技芭蕾舞剧《天鹅湖》，他们用杂技的形式来诠释经典芭蕾，这是杂技界了不起的创举，也对杂技发展有启发性的新气象。

当然，创新必须在继承的基础上，得有扎实的基本功，就像大树一样，根扎得深才会枝繁叶茂。杂技形式可以多种多样，但只有形式创新是不行的，杂技本质的东西不能忘——技巧和难度，要有技巧和难度才能让观众意想不到、让观众意犹未尽。因此，杂技演员们只有将基本功练好，将技巧和难度提升上去，才能更好地创新，将杂技艺术发扬光大。

记者：无论是台上还是台下，您始终践行着"把吃苦留给自己，把美好留给人民"的人生信条。是怎样的力量，将您和人民紧紧联系在一起？

夏菊花：我一生坎坷。出生于旧社会，摆地摊演杂耍尝尽艰难；成长在新中国，得到了党和人民的认可。一辈子能走到今天，要感谢党、感谢祖国、感谢人民。没有人民做后盾，我哪有如今的成就？所以我下定决心，一定要创作更优秀的杂技节目，让杂技艺术的美好能够留给人民，并且代代相传。

要创作更优秀的作品、将美好留给人民，就必须刻苦练功。那个年代的我根本不想别的，就是一天到晚琢磨、一门心思地要练出新动作，站在凳子上练功，一练就是四个小时。功是掺不得半点假、偷不得一丝巧的——一天不练自己知道，两天不练对手知道，三天不练观众都知道。

"中国的杂技节目一定要体现民族的风格和气派"

记者：您用杂技艺术架起了中国与其他国家进行文化交流的桥梁。放眼世界杂坛，您觉得中国杂技的独特魅力在哪？

夏菊花：1950 年，杂技作为新中国成立后第一个走出国门进行文化交流的文艺类别。如今，六十多年过去了，杂技艺术仍然是我国对外文化交流的排头兵，是走出国门最多、赢得国际荣誉最多的艺术门类，在海外演出中很受欢迎。

中国的杂技艺术有着悠久的历史，它表演细腻，刚柔相济，不仅给人美的享受，更传达出积极向上、顽强拼搏的精神，启迪人自我超越。这种中国品质和精神是我们杂技长盛不衰的动力。中国的杂技节目一定要体现民族的风格和气派，就是中国精神，否则就没有生命力。

记者：改革开放以来，您在国际赛事上更多地以评委的身份亮相，在国际杂技界树起了一面旗帜。

夏菊花：担任国际比赛的评委，就肩负着神圣的责任，既对参赛演员负有责任，更对世界杂技艺术的健康发展负有指导性的责任。因此，必须严肃对待，做到公平、公正、公开。

我是一名杂技演员出身的评委，对于每个节目难度在哪里、优势在哪里很清楚，决不昧着良心打"感情分"。好节目要我故意扣分我做不到，差的节目让我放弃原则加分，我更不会干，这是关系到职业道德和做人原则的大问题。

记者：您的人生际遇中折射了国家与时代的风云变幻，回顾自己的艺术人生，您有何感慨？

夏菊花：周总理曾说，当一个好演员要过"五关"——"家庭关、社会关、劳动关、荣誉关、生活关"，经历了这么多年的杂技生涯，我可以自豪地说，我过好了"五关"。

从一个不懂事的孩子，到拥有今天的荣誉，我的艺术人生中一条最深刻的体会就是没有共产党，就没有新中国；没有新中国，就没有我夏菊花。我虽然为党、为人民做了点事，但很有限。我希望能够多留下美好的东西，少留遗憾，把杂技发展的道路扫干净一点，让后人跑得更快一些。

记者：你在培养新人方面可谓不遗余力，如果请您寄语当今年轻一代的杂技演员，您想对他们说些什么？

夏菊花：回想起自己练习"顶碗"的过程，我明白，成功之路就是苦练之路，就是不断攀登之路，就是敢于创新之路。如今国家经济发展，国力增强，年轻演员一定要珍惜这个时代，把握好这个时机，希望他们能够后来居上。

当然，在杂技的发展过程中，每一个时代都有每一个时代所遇到的问题，希望新一代的杂技演员们相信自己，年轻人就是要在困难面前勇往直前。经过努力之后克服困难、解决问题，也能做到将美好留给后人。（黄维、韦衍行）

※ 人民网采访夏菊花视频

夏菊花：春燕展翅　香满人间

　　十一月的武汉，秋意正浓，裹挟着寒意的细雨不期而至，将铺在路面上的落叶冲洗得愈发金黄。伴随着脚踏在落叶上的沙沙声，我们前来拜访中国杂技家协会名誉主席、著名杂技表演艺术家夏菊花。

　　初见夏菊花老师，她身着黑色外套坐在客厅中翻着一本图集，背后是她与爱人年轻时的一张合影，旁边挂着的是书法名家沈鹏赠给夏老师的一幅字。客厅的柜子中，罗列着夏老师获得的部分荣誉奖杯，仿佛都在诉说着她七十余年杂技生涯中的流光溢彩。

※ 沈鹏为夏菊花题写的书法作品

1942 年，年仅五岁的夏菊花随父亲加入马戏班做养女，并改姓"夏"，小小年纪迫于生计辗转安徽、河南、江西、湖南、湖北等多地演出。谈起与杂技接触的头几年，夏老师的神情颇为平静淡然；而说到 1949 年解放的时候，她的语气变得激动昂扬，"当时解放军叔叔教我唱'没有共产党，就没有新中国。'而没有新中国，也就没有我夏菊花。"

今年五月，夏老师入选第五批国家级非物质文化遗产代表性项目代表性传承人。在杂技道路上前行的这七十多年来，作为杂技演员，她的两个节目《柔术咬花》《顶碗》享誉海内外，并为她赢得了"杂技皇后"的美誉；作为中国杂技家协会主席，她率团赴各地演出、担任大型国际赛事的评委，为中国杂技艺术与国外交流搭建起了沟通的桥梁。

"我的节目能够在世界范围内得到肯定，要感谢党、感谢祖国、感谢人民。"谈起两个招牌节目给自己带来的辉煌与荣光时，夏老师并没有多提练功的艰辛与痛苦，"把吃亏留给自己，把美好留给人民。"1963 年，经过了三年的刻苦训练，夏菊花扩大了人体多部位的表演功能，《顶碗》成为电影《春燕展翅》中最耀眼的杂技节目。"我还要发展创新、做前人没有做过的事情。"夏菊花语重心长地说，杂技艺术就是挑战极限，变不可能为可能。

"逆水行舟，不进则退，从零开始。"这是夏老师在 1958 年新练就的动作表演失败后，写在日记本的一句话，伴随着她度过了那些艰辛的练功时光。1981 年，彼时因为伤病和年龄告别舞台的夏菊花就任中国杂技家协会主席。她虽离开舞台，但却从未远离杂技。

担任中国杂协主席期间，武汉杂技厅于 1992 年竣工，中国（武汉）国际杂技节也于同年拉开帷幕。这让夏老师的一块心头大石落

※ 夏菊花给网友题写寄语

了地:"以前,世界上不少同行对我们杂技的发展表示钦佩,他们问我,中国的杂技艺术发展得这么快,一定有好多个世界一流杂技厅吧?"回忆这段往事时,夏老师苦笑了一下,"我当时只能回答说,暂时还没有,但马上就有了。"皇天不负有心人,经过数年奔波后,武汉杂技厅终于竣工,不仅让中国和世界的杂技艺术在这个舞台上切磋成长,更是让杂技艺术走进了寻常百姓家。

"杂技是走出国门最多、也是赢得国际荣誉最

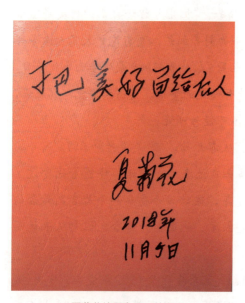

把美好留给后人

夏菊花

2018年
11月5日

※ 夏菊花给网友题写的寄语

多的艺术门类之一。"谈起中国杂技在世界上所获得的赞誉及成就时，夏老师的自豪之情溢于言表。担任中国杂协主席期间，她曾多次率团赴世界各地演出，"有外国友人说，看了中国杂技，感到中国人没有克服不了的困难。这正是中国杂技艺术魅力经久不衰的奥秘所在。"

采访时间不知不觉悄悄流逝，走出夏老师家时，已经是黄昏时分。在与夏老师道别的时候，她一字一句地对我说，"把吃苦留给自己，把美好留给后人。"

春燕展翅时，花香满人间。把吃苦留给自己，把美好留给后人——这正是夏菊花老师艺术生涯的最佳注脚。（韦衍行）

李光羲：
为人民抒怀 为时代而歌

　　李光羲，国家一级演员，歌唱家。1929年出生，中央歌剧芭蕾舞剧院男高音歌唱家，主演新中国第一部古典歌剧《茶花女》，代表作品：《祝酒歌》《何日再相会》《太阳出来喜洋洋》《周总理，您在哪里》等。

11 月的京城，丹枫迎秋，玉露生寒。89 岁著名歌唱家李光羲的家中依旧暖意融融。随处可见舞台演出照、文艺界友人合照、携夫人旅行世界的留影，以及几百个不同城市的冰箱贴，共同留住了时光的印记。在众多奖杯中，一张金色的唱片格外醒目——1989 年《祝酒歌》荣获中国首届"金唱片奖"。

"好的歌曲能够住进听众的思想与灵魂之中。"不同于舞台上流光溢彩的明星形象，舞台下的李光羲和善可亲，说话间笑意不时随眼神流露出来。改革开放初期，一首《祝酒歌》乘着春风而来，活泼的旋律、振奋的歌词，唱出了人们欢欣鼓舞的心情与对美好未来的憧憬。在此之前，他已因演唱《北京颂歌》《周总理，您在哪里》《鼓浪屿之波》等歌曲，获得广大观众的喜爱……

"歌者的才华是将生活凝练成音乐。"恰逢改革开放四十年之际，记者专访著名歌唱家李光羲，与他一同聆听歌唱事业的光荣岁月，唱响崭新时代的音乐气象。

"《祝酒歌》吹响改革开放的号角"

记者：1979 年央视春节晚会，您演唱了描绘未来美好憧憬的《祝酒歌》，歌声传遍了大江南北，受到全国人民的欢迎，当时为何会创作这样的歌曲？

李光羲：改革开放后剧院恢复业务，在一次排演时女中音苏凤娟正在看一首歌，是施光南创作的《祝酒歌》。她询问我的看法，我拿起歌谱哼到三分之二时就激动起来——这首歌太棒了！欢快活泼的旋律、振奋人心的歌词，形象地描绘了改革开放初期人民欢欣鼓舞的心情和对未来的美好期许。从那时起《祝酒歌》就深深印在我的脑海里。后来在一次外宾接待演出中，我在人民大会堂唱响了这首《祝酒歌》，获得了全场观众和外国国宾的热烈掌声。1979 年中央台春节晚会上，我在全国观众面前又一次唱响《祝酒歌》，歌声点燃了人们压抑许久的心情，一时红遍大江南北。可以说，《祝酒歌》吹响了改革开放的号角。

记者：《祝酒歌》录成唱片后，短时间内售出 100 万张。您凭借此曲获得第一届中国金唱片奖。《祝酒歌》在当时为何能够获得如此热烈的反响？

李光羲：如果一首歌能够唱进人的心里，住进人的灵魂里，那么它就是成功的。祝酒歌所描绘的不是个人的欢乐，而是民族的欢乐，是广大人民的欢乐。改革开放后，人们需要一种振奋的精神，这首歌引起了亿万观众的共鸣，所以广大人民群众才会发自内心地喜欢它、传唱它。这首歌伴随着改革开放的步伐，伴随着国家的繁荣发展，整整传唱了 40 年。每当唱起这首歌，都会让大家感受到新生活的喜悦。应当说，《祝酒歌》是时代的烙印，是时代的感动。

记者：您从上世纪五十年代因主演中外歌剧名篇而获得声誉，《祝酒歌》又一次拉开了您新时期"歌曲黄金时代"的序幕。改革开放为您带来了怎样的机遇？

李光羲：艺术创作需要思想解放。改革开放后宽松的创作环境、充裕的物质生活，让我的精神生活与物质生活都享受到充分的自由，激励着文艺工作者创作焕发出艺术表现力和感染力的作品。我很荣幸演唱过许多蕴含丰富内涵的歌曲，以歌唱的方式记录时代的进步，我感到自己的价值得到了体现。通过歌唱、表演，我能够服务生活、服务社会，通过自身努力体现我的个人价值，这是我的自觉行动与艺术追求。

记者：从1978年到2018年，可以说您见证了改革开放40年来中国歌唱事业的发展，在您看来，改革开放为中国歌唱事业带来怎样的影响？

李光羲：改革开放后，我国音乐人创作了一系列有特色、真切动人的歌曲，这就是最醒目的成就。我们的创作者在题材和立意上能够植根现实生活，在歌声中，展现着新中国朝气蓬勃、蒸蒸日上的美好生活，彰显出伟大时代的音乐创作应有的气象。

艺术中仁爱为怀的人文精神重焕生机。改革开放后，歌唱事业更加深入人心。真切动人的歌曲让人感受到实实在在的生活。歌曲中蕴含对人间真情的呼唤和表达。在关乎人心的歌声中，我们依旧能够感受到中国风格的味道，传统文化始终是文艺创作的重要宝库，既是民族的根，也是音乐创作的动力和源泉。

"好的歌曲能够住进听众的思想与灵魂中"

记者：虽年届90岁，观众依然能在电视上看到您神采奕奕的身影，听到您嘹亮优美的歌声。除了演唱经典曲目，您还会演唱当前流行的、年轻人喜欢的歌曲，是怎样的契机让您接触流行歌曲的？

李光羲：改革开放后，以邓丽君为代表的流行音乐传入大陆，打开了音乐的新境界。通俗音乐的优美、轻松与抒情，迅速赢得人们的喜爱。80 年代初，舞台呼唤好听的通俗音乐，我不甘心落伍于时代潮流，所以开始学唱流行歌曲。

流行歌曲的突出特征是鲜明的时代感，即使是爱情题材，同样蕴含着真情。音乐本身是一种手段，通过我的演绎赋予它新的解释和深刻的内涵。有的年轻歌手都被我的歌声感动了："李光羲老师唱了一辈子歌，今天又开始跟我们抢生意了。"

记者：您演唱过很多带有中国民族特色和情怀的歌曲，比如《松花江上》《周总理，您在哪里》《北京颂歌》等，您认为什么样的歌曲能够打动听众？

李光羲：好的歌曲能够住进听众的思想与灵魂之中。我在演唱时，常看到现场有观众在哭。很多人听歌之后跟我说："光羲老师，您把我感动了，我都流泪了。"甚至有人说："李光羲是让观众流泪的演员。"因为不仅仅是音乐感动了他，内容更感动了他。不论是《周总理，您在哪里》这种悲伤的歌，还是最近我演唱的《让我欢喜让我忧》，这些歌扎到人的心里，歌中有岁月的味道，有情感的回忆。

打动人心的首先是真实反映生活的歌曲。听众在艺术中照见自我思想与生活，唤起内心的共鸣，这就是动人的关键。其次，艺术讲究简单的三个字："美""明白"。"美"塑造的是艺术的本质，而"明白"则是要让人知道美在何处。

记者：一首歌曲怎样才能有强烈的感染力？

李光羲：明星之所以被称为"明星"，是因为他如同天空的星辰一样，在人们的心中起到指明方向的作用，几分钟之内，就因作品触及人们的心灵而感到激奋。

歌者自己对生活有准确而深刻的理解，凭借自身对生活的感悟诠释歌曲，唱出人类共有的精神体验，才能拉近与听众心灵的距离。想要以情动人，就要将歌曲创作与现实生活紧密联系起来。通过与生活相遇的灵感，转化为生活的感悟和理解。深耕生活沃土、心系人民群众的艺术作品，才能够迸发出强烈的艺术感染力。歌声动人心弦，是因为它不仅仅是歌颂小情小调，而是能够反映人民心声，回应人民需求，为人民抒怀，为时代放歌。

记者：在新时代的艺术创作中，中国音乐人还应有哪些突破？

李光羲：我曾说，"声音等于零"。没有声音不能唱歌，但是只有声音却无法感动别人就是零。一些歌手外形光鲜靓丽，声音优美，但其中没有情感的流露与表达，将"声乐艺术"变成"声音艺术"。歌声中缺少对生活的感悟，缺少真情的流露，表现力也显得苍白。如同在歌剧表演中缺少对人物本身的塑造，歌唱者无法真正走进人物的内心，也无法敲开听者的心门。

歌声如何打动人心是第一号的学问。年轻人应当提升生活的理解能力，增强美感的表现能力，才能让音乐作品打动人心。用艺术感染别人的同时，体现自己的生命价值。在音乐艺术中感悟人间的真情与人心的魅力，将声音变成优美的、有生命力与感染力的音响。

"歌者的才华是将生活凝练成音乐"

记者：您曾说，传统音乐永远是每个时代最美的声音，传统是时代发展中最精华的结晶。传统文化对您的艺术创作产生了怎样的影响？

李光羲：音乐应以中华民族文化为根。充分吸收中华优秀传统文化的精髓，才能更好地创作出本民族独特的艺术作品。艺术所扎根的生活不仅是当下的现实生活，更是从古至今所有能够引人向上、触动人心的精神力量。文艺工作者要善于从中华文化宝库中萃取精华，汲取能量。

我从小生长在天津，在这座国际化城市里欣赏见识了西方艺术与中华民族的优秀传统文化。童年时期我看过美国电影《乱世佳人》《茶花女》，也看过京剧名角马连良、谭富英、张君秋、李多奎、裘盛戎的京剧，听过刘宝全的京韵大鼓。演出结束后，那种动人心魄的声与像直直扎在我的心里，让小小年纪的我心有戚戚，沉浸其中。

记者：您虽然没有经过专业的声乐训练，但是您的歌声始终深受全国听众的欢迎，获得赞誉无数，您成功的秘诀是什么？

李光羲：我所获得的成功是天赋与努力的共同结果。天赋能够帮助人深刻感悟艺术表现的美感。小时候每次看完演出之后我都回家模仿，喜欢在心里琢磨。27岁登台演出后，我便描摹着内心储存的形象，将其释放在舞台上。

天赋之上，还要付诸实践，到现在我还坚持每天练声。解放初期，我喜欢听苏联的音乐唱片。柴可夫斯基的《咏叹调》是真正的艺术，我一听就入了迷，为了模仿苏联歌曲还学习了俄文。50年代国家歌剧院访问苏联时，我有机会在克里姆林宫的剧场演唱。演出后苏联外交部远东司司长传达领导人的评价，称赞我是地道的俄罗斯学派。苏联著名男高音科兹洛夫斯基更是拉着我的手说："科学家证明世界，艺术家描写世界，今天你作为艺术家为我们很好地描述了一个动人的故事。"天生的才能与后天的勤奋，经典的学习与个人的努力，最后才能使我在舞台上呈现最动人的表演。

记者：在您看来，音乐家扮演着怎样的社会角色？

李光羲：歌者的才华是将生活凝练成音乐，在艺术作品中展现引人向上的精神力量，如实反映生活、提炼生活、美化生活，让老百姓更深入地理解与开拓生活。人们常说"画凝天下"，歌声中同样藏着一方天地。旋律中有时代的脚步声，有人民的呼唤声，用音乐升华生活，用歌声激荡心灵。

追求艺术造诣的同时，更要注重艺德的培养。常言道："德保艺"——高尚的品德能够保住长青的艺术生命。我给自己写了一幅字："心存高远，意守隐忍"。内心有远大目标，遇事应低调忍耐，德艺兼修，方能长久。

记者：年届 90 岁，您的日程安排得满满当当，是什么让您始终保持着年轻的心态？

李光羲：这些年所经历的一切坎坷与烦恼，我已在舞台上得到回报。到今天，我的脑海中留有两个字：幸福。丰衣足食、吃饱穿暖的生活让我感到非常满足。国力强盛的今天，当我到国外演出时，感受到外国人对中国人的尊重，增加了我作为中国人的骄傲和自豪感。所以我希望自己还能多为国家、为社会做出贡献。过好每一天，争取有点用，这是我现在的人生追求。比如在社区的新年联欢会上演唱《祝酒歌》、给 27 中学的孩子们讲述我的艺术道路与人生感悟、参加帮助贫困儿童的公益演出，等等。社会需要我时，我义不容辞。虽然我已 90 岁了，但是我依然要在力所能及的范围内做更多事情。虽然很忙碌，但是很愉快。

记者：回顾您的艺术人生，您觉得歌唱事业对您而言意味着什么？

李光羲：歌唱对我而言意味着生命。舞台是我的天堂，我选择了最幸福的职业。哪一个民族的生活都离不开歌声。歌唱可以随时随地帮助人们抒发情感，表达心声。我很荣幸我唱的每一首歌都与社会进步和时代发展相关。

只要我还能唱，走到哪里都要为社会服务。每次演出我都会付出全部的精力和才智，为人们带去美与欢乐的体验。对我而言，以歌声服务社会，这是我人生的意义和价值，为此我愿意全力以赴。人生啊，既美好又艰难，一个人如果有荣誉，有获得感，有社会的认可，足矣。

※ 人民网采访李光羲视频

| 记者手记 |

90 岁李光羲：《祝酒歌》美酒飘香 40 年

　　初冬时节，我们来到歌唱家李光羲位于北京东四的家中。刚出电梯，李光羲老师已在家门口等候，笑着把我们迎进屋。

　　冬日的阳光透过大玻璃窗洒落在房间里，散发出淡淡幽香。客厅布置得很温馨，四壁挂满了演出照以及夫妻二人的合影，照片上的夫妻俩笑容满面，洋溢着满是与幸福。一架黑色的大钢琴摆放在客厅中央，陪伴着艺术家每天的试唱练声。

　　李光羲老师泡上一壶茶，热情地给我们讲述一张张照片背后的

※ 李光曦向记者讲述家中照片背后的故事

故事，每张照片他都能毫不犹豫地说出拍摄的时间、地点和其中的趣闻。

※ 李光曦家中冰箱上贴满了各式各样的冰箱贴

他转身把我们领进厨房，指了指冰箱上密密麻麻、各式各样的冰箱贴，神采飞扬地说："每一个冰箱贴都是我们从世界各地带回来的，里面全是美好的回忆。因为贴得太满了，影响了冰箱的散热，才把一部分转移到了别处。"冰箱上二百多个世界名城的冰箱贴，彰显着李光曦与老伴相亲相爱遍游世界的幸福足迹，夫妻俩已经周游了五大洲多个城市的风景名胜。

今年虽已90岁，可李光曦腰不弯，背不驼，头发浓密，笑容满面，聊起天来思路清晰。我们向他请教养生秘诀。他脱口而出"唱歌啊"，随后笑了笑，说了十七字秘诀："觉睡足，便排净，多运动，少生气，争取有点用。"

一年上百场活动，包括采访、演出、电视节目录制、讲座……翻开他近两年的日历本，里面写满了日程安排。"要学会老有所用，老有所乐，创造一切条件让自己快乐。"李光曦神采奕奕地说。

"美酒飘香歌声飞，朋友啊，请你干一杯……"1979年央视春节文艺晚会上，李光曦演唱了《祝酒歌》，这首深刻表达人民心声的抒情佳作，因其欢快的曲风和浓郁的时代气息，一夜之间红遍大江南北。40年过去了，这首歌早已成为跨越时空的经典，只要人们一看到李光羲，耳边就会响起《祝酒歌》的激昂旋律。

"当时，这首歌欢快奔放的旋律一下子就触动了我，电台来信无数，登台观众沸点，短短一周《祝酒歌》唱片销售100万余张。"李光羲感慨："因为歌里有人们被压抑许久，今天获得解放的喜悦和激动，以及对美好未来的期望和信心。这是一首吹响时代号角抒发百姓心中期望的歌。"

"好的歌曲能够走进听众的心中。我在演唱《周总理，您在哪里》时，常看到现场的观众在哭。很多人听完后说：'光羲老师，您把我感动了，我都流泪了。'因为音乐感动了他，这些歌扎到人的心里，歌中有岁月的味道，有情感的回忆。"

李光羲老师说，正是因为这些歌曲真实反映了生活，听众在音乐中唤起内心的共鸣，才会获得感动。其次，艺术讲究简单的三个字："美""明白"。"美"的塑造是艺术的本质，而"明白"则是要让人知道美在何处。

很多人不知道的是，李光羲从未上过正式的音乐学院，全凭儿时的音乐熏陶。"小时候，一次偶然的机会，从收音机里听到优美的音乐觉得很喜欢，后来又接触到京戏、北方大鼓、美国电影，不知不觉入脑入心，边听边跟着调哼唱，就模仿唱起来了。从那时起，音乐便在我生命中扎下了根。"

就这样，1953年，李光羲迎来人生中最重要的转折。"那年，中央歌剧院到天津演出歌剧《白毛女》，也是我第一次接触歌剧，感到特别震撼。后来报考中央歌剧院被录取，凭借小时候的那段音乐功底，1956年，在歌剧《茶花女》中扮演男主角一举成功，后来又出演了《货郎与小姐》中的阿斯克尔、俄罗斯歌剧《叶甫根尼·奥涅金》中的连斯基。"

采访结束后，李光羲老师深情演唱了这首熟悉的《祝酒歌》，当富有感染力的歌声响起，让人仿佛又回到了那个久违的年代。

已过耄耋之年的李光羲，经历过战争的痛苦，体验过生活的惆怅，坦言对当下生活特别感恩："现在每年我都和爱人出国旅游，除了参加自己的演唱会和一些公益演出，我做着自己喜欢的事情，实现自我价值，还能给别人带来快乐，从没有过这么好的日子，这就是我的中国梦，我实现了。"

访谈结束，他送给我们一本他新出的 CD，里面不仅有他的成名曲《祝酒歌》等，还有他近年来演唱的流行歌曲：《让欢喜让我忧》《小苹果》……此刻坐在眼前的李光羲老师，精力充沛、风趣健谈，始终以一颗感恩平常的心面对平淡而快乐的人生，让人感受到他的温暖、亲切、真诚。

写这篇手记的时候，正巧收到舞蹈家陈爱莲老师发来的微信。我定睛一看，原来是李光羲、陈爱莲等艺术家组成的中国艺术团正访问日本并演出，照片中的李光羲老师一身银色西服，蓝色领带，眼神清亮，让人不得不叹服音乐的魅力，我禁不住拿起手机默默给李光羲老师发去微信：祝您生命不老，艺术常青！

责任编辑：刘敬文

装帧设计：王欢欢

责任校对：吕　飞

图书在版编目（CIP）数据

文化大家讲述亲历：致敬改革开放四十年 / 黄维 编著．—北京：
人民出版社，2018.12

ISBN 978－7－01－020192－4

I.①文…　II.①黄…　III.①文化发展－研究－中国　IV.① G12

中国版本图书馆 CIP 数据核字（2018）第 278494 号

文化大家讲述亲历

WENHUA DAJIA JIANGSHU QINLI

——致敬改革开放四十年

黄　维　编著

人民出版社 出版发行

（100706　北京市东城区隆福寺街 99 号）

北京盛通印刷股份有限公司印刷　新华书店经销

2018 年 12 月第 1 版　2018 年 12 月北京第 1 次印刷

开本：710 毫米 ×1000 毫米 1/16　印张：17

字数：206 千字

ISBN 978－7－01－020192－4　定价：58.00 元

邮购地址 100706　北京市东城区隆福寺街 99 号

人民东方图书销售中心　电话（010）65250042　65289539